〈こころ〉とアーティフィシャル・マインド

河合俊雄
吉岡洋
西垣通
尾形哲也
長尾真

創元社

はじめに——京都こころ会議について

科学技術の進歩、グローバル化による大きな経済圏の出現、さらには近年の地球環境の変化が加わって、人々の生活や関係は大きく変わってきています。そしてそれらはおのずから人々の「こころ」に影響を及ぼし、ときにはこれまでの世界観を揺るがそうとしています。最近の新型コロナウイルスの影響についても同じことが言えるのではないでしょうか。

それに対しては、例えば新型コロナウイルスに対してはワクチンや治療薬の開発、休業に対する経済対策など、科学技術や経済などそれぞれの分野での個別的な対応も大切ですが、それに直面し、またそれに適応できるはずの人の「こころ」に焦点を当てることが重要なのではないでしょうか。つまり人類がこれまで「こころ」をどのように捉えてきたのかを踏まえつつ、「こころ」とは何かを探求し、さらに何がこれからの「こころ」の拠り所となるのかを明らかにすることが必要になってくると思われます。

京都大学は、公益財団法人稲盛財団より支援を受けて、こころの未来研究センターを中心として「京都こころ会議（Kyoto Kokoro Initiative）」を二〇一五年四月に立ち上げました。「京都こころ会議」は、さまざまな学問から「こころ」の過去、現在、未来を問い、またその際に日本語の「こころ」という言葉に含蓄されている広くて深いニュアンスから、こころの新しい理解を「Kyoto Kokoro Initiative」として世界に向けて発信しようとするものです。

国際シンポジウムを含めて五年目となる二〇一九年十月十四日に京都大学で、「こころとArtificial Mind」という題で「第四回京都こころ会議シンポジウム」が開催されました。本書はそこでの三つの講演、「ＡＩ時代の心のゆくえ」（西垣通）、「深層学習と運動感覚学習――認知発達ロボティクスの視点から」（尾形哲也）、「心のモデルを考える」（長尾真）、および最後のディスカッションでの討論を収録し、書き下ろしの導入「こころとアーティフィシャル・マインド」（吉岡洋）を加えたものです。

京都こころ会議に関しては、第一回のものが『〈こころ〉はどこから来て、どこへ行くのか』として出版されていて、第二回以降のものも順次出版する予定ですが、最近のＡＩブームもあって、話題性が高いということで、第四回のものを先に出版させていただきました。ただし、「アーティフィシャル・インテリジェンス」でなくて、「アーティフィシャル・マインド」としたところに、このシンポジウムおよび本書の特徴が示されていると思います。

第一回のものを出版してから、少し刊行が遅れていましたが、「こころの内と外」「こころと共生」「こころと生き方――自己とは何か」というテーマ設定の他のものも順次刊行する予定です。現代において再び正面から「こころ」を問うという試みに深い関心をお寄せいただき、第一回および第二回シンポジウムにもご参加いただいた稲盛和夫前理事長、金澤しのぶ理事長をはじめとする公益財団法人稲盛財団のご支援にこころから感謝したいと思います。

河合俊雄

目次

講演1

イントロダクション

こころとアーティフィシャル・マインド

吉岡洋

Introduction

1 アーティフィシャル・マインド？

「アーティフィシャル・マインド」とは、あまり聴き慣れない言葉かもしれません。「人工《アーティフィシャル》・知能《インテリジェンス》」なら、昨今様々な方面で話題になっていますから、耳にされた方も多いと思いますが、「インテリジェンス」ではなくて「マインド」、「アーティフィシャル・マインド」とは、いったい何のことなのでしょうか？　そのまま直訳的に理解すれば、「人工的なこころ」というようなことになるでしょう。つまり知能だけではなく、「こころ」を持つコンピュータやロボットのことでしょうか？　それはＳＦではお馴染みのテーマですが、本論ではそうしたことを問題にしたいわけではありません。

二十一世紀に生きている私たちは、膨大な情報を高速度で処理するテクノロジーのおかげで、ほんの二、三十年前まではそれこそＳＦ小説や映画の中のお話だと思っていたことを、日常生活において経験するようになりました。例えば街の通りを歩いていても、電車やバスに乗り込んでも、今では子供や若者から老人まで、暇さえあればスマートフォンの画面をのぞき込んでは、指先や声によってそれを操作しているという風景があります。すでに見慣れてしまったような感じすらありますが、落ち着いて考えてみると、こんなことは人類史上、未曾有の光景です。しかも「操作」といっても、昔の機械のように特有のコマンドを習得する必要はありません。かなり自然な言葉で、文字や音声を通じて、人間と機械とが「対話」しているのです。言うまでもなく、こうした機械との容易なやり取りが可能になったからこそ、スマートフォンをはじめとする現代の携帯端末が、年齢を問わずここまで広く普及したわけです。

もちろん、そうやって機械と「対話」しているからといって、私たちのほとんどはその向こうに人間と同じような「こころ」が存在するなどとは思っていません。少なくとも頭では、そうは考えていないでしょう。とはいえ、私たちは日常的に機械に話しかけ、機械から話しかけられるという経験を通して、何となく機械にも「こころ」があるかのように感じてしまう瞬間が、まったくないとは言えないのではないでしょうか。こうした人工的存在と、それがあたかもこころを持つかのようにコミュニケーションすることによって、少なくとも私たち自身のこころには、何か大きな変化が起こりつつあるように思われます。

「アーティフィシャル・マインド」というのは、こうした問題を考える手がかりとなるように、試みに作ってみた言葉なのです。アーティフィシャルな存在、つまり人工知能やロボットに「こころ《マインド》」はあるのか？というのは、昔ながらのＳＦ小説のテーマとなる哲学的な問いです。けれどもそうした空想上の物語において定番の主題であった、ロボットが人間に挑戦するとか、機械が人類に取って代わるといった想像は、現代の現実社会における私たちの経験の中で、次第に古めかしいものに感じられるようになってきたのではないか、とも思われます。

本書においては、人工的存在にこころはあるのか？といった直接的な問いよりも、むしろ、そもそも人工的な存在を私たちはどのように理解すればよいのか、今後もますます増えていくと思われるそうした存在と今後どう付き合っていけばいいのか、そしてまた、それらとの共存を通して人間自身のこころはどのように変化し、人間のこころのどのような側面が明らかになってくるのか、といった問いかけをしてみたいと思います。

といっても私自身は、人工知能やロボットの専門家ではなく芸術学者なので、ＡＩや機械と芸術創造・芸術経験との関係を手掛かりにして、考察を始めたいと思います。

2 美空ひばりとレンブラント

二〇一九年の「ＮＨＫ紅白歌合戦」で話題になったことの一つに、人工知能の技術によって「よみがえった」美空ひばりの登場があります。「似せた」「シミュレートした」ではなく、「よみがえった」という踏み込んだ表現が用いられたことが、実に興味深くはないでしょうか。なぜこんな言い方が選ばれたのでしょうか？　その理由はおそらくこの企画が、物故した大歌手による過去のパフォーマンスを三次元の動画と音声によって単に再現したものではなく、現実の美空ひばりはかつて一度も歌ったことのない新曲が、いかにも彼女らしい動きや発声を伴って、機械によって上演された、という点にあるのでしょう。

現在でもYouTubeなどのネット上の動画で観ることができますが、ご覧になった方はどんな印象を持たれたでしょうか？　直後の反応は、どうやら両極端に分かれたようです。素晴らしい、本当に美空ひばりさんが蘇ったみたいだ、と素直に感動する人々も一方にいました。動画を観ると確かに、涙ぐんで聴いている観客の方々も少なくありません。ところが他方では、「不気味だ」「気持ちが悪い」と感じる人もいたようです。さらには、こんなことは許されない、美空ひばりさんに対して失礼だ、そもそも歌というものに対する冒涜ではないか！と憤慨する人たちもいました。

人工的《アーティフィシャル》な存在が人間と同じ、あるいはそれ以上の能力を示しても、そのすべてに対して、必ずしもこうした強い両極端の反応が起こるわけではありません。計算機が人間の計算能力をはるかに凌駕しても、私たちの多くは、単に便利な道具が出来たと歓迎するだけです。コンピュータがチェスや囲碁の勝負で人間の名人に勝利しても、確かに最初は驚きがありましたが、今ではそうした技術的達成を人類への深刻な脅威だと感じる人は、次第に少なくなりつつあるのではないでしょうか。その意味では「ＡＩ美空ひばり」のようなものにも、やがて私たちは慣れてしまうのかもしれません。

とはいえ、そこで現在強い両極端の反応が起こっていることには、計算やゲームの場合とは少し異なった理由があるようにも思われます。つまり、そこではアーティフィシャルな存在が、計算やゲームのような知的活動にではなく、こころの琴線に触れるような、深い美的経験に踏み込んでくるように思えるからです。美空ひばりは昭和二十年代半ば、十二歳の「天才少女歌手」としてデビューし、昭和天皇と同じ一九八九年に亡くなりました。名実ともに戦後の「昭和」を象徴する存在であり、ある年代以上の日本人にとっては、単なる一有名芸能人ということを超えた、いわば「神様」に近い存在なのです。その「神様」を機械によって出現させてみせたのだから、「感動的」あるいは「冒涜的」という極端な反応が起こったのも、無理はないのかもしれません。

実は人工知能の発達によって、これと同様のことが様々な分野で起こりつつあるのです。例えば、オランダの金融機関であるＩＮＧグループが出資し、ハーグのマウリッツハイス美術館、アムステルダムの「レンブラントの家」美術館、デルフト工科大学、そしてマイクロソフト社が行った共同企画に、「ネクスト・レンブラント」というプロジェクトがあります。名前から想像できるように、十七世紀オランダの有名な画家レンブラントの絵を機械に描かせるという企てなのですが、これもまた「ＡＩ美空ひばり」と同じく、既存のレンブラント作品を再現するのではなく、いかにもレンブラントが描きそうな主題や描き方を人工知能に深層学習させることによって、現実のレンブラントは一度も描かなかった新しい作品を、描き出してみせるというものです。

この作品もネットで観ることができますが、こちらの場合は美術作品であるので、もしかすると「ＡＩ美空ひばり」よりも、現実的な脅威となりうるかもしれない、と思われます。というのは、機械的に作られた美空ひばりの映像を、生きている人間の歌手と間違える人はおそらくいないでしょうが、絵具の三次元的な盛り上がりに至るまで精密に作られたこの絵画は、もしも悪意を持つ誰かが「これはさる家の屋根裏部屋から発見された、レンブラントの未知の作品である」などと主張したら、騙される人もいるかもしれないからです。私自身この作品を観て、自分なら騙されてしまうかもしれないなと感じました（もちろん絵具等の化学的分析をしたら分かってしまうでしょうが）。

3　ＡＩは芸術作品を創造できるのか？

さて、仮に私たちがそんなふうに騙されたとしたら、その事実はいったい何を意味するのか？　ということを考えてみましょう。そのことが意味するのは「機械がついに芸術作品を作るようになった」ということなのでしょうか？　確かに、レンブラントの絵画は紛れもない芸術作品であると、多くの人は認めています。一方、私たちの目の前にあるこの作品は、既存の作品の複製や贋作ではないという意味で、「オリジナル」です。かつ、観た人はそれを「本物の《オリジナル》」レンブラント作品と区別できませんでした。これらの「エビデンス」はすべて、今や機械が芸術作品を創造できるようになったことを示しているように、みえるかもしれません。はたして本当にそうなのでしょうか？

いや、機械に芸術が作れるはずはない、と反論したい人もいることでしょう。しかし、反論は必ずしも容易ではありません。例えば、作品の背後にレンブラントという芸術家の存在が特定できないではないか、というのは、あまり強い反論の理由になりません。作者が特定できない美術作品はこれまでにもたくさんあるからです。また、こころの中のイメージに従って絵筆やナイフを使い絵具を画布の上に置いていく作業、すなわち「絵を描く」という行為を行っていないではないか、と言ってみたとしても、やはり反論としては弱いのです。美術作品を作り出す方法は多種多様ですし、歴史的にみても、美術家たちの多くは時々の最新技術に強い関心を抱いてきました。現代なら、絵筆の代わりに三次元プリンターを使ったから芸術ではない、などと言うことはできません。過去の有名な画家の作品であっても、本当はどんなやり方で描いたのかはっきり分からない例も少なくないのです。

それでは、事実として物理的に存在している作品はともかく、それを生み出した芸術家のこころの中のイメージについてはどうでしょうか？　私たちは作品を観るとき、本当は物理的事実としての作品を観ているのではなく、それを通して作者のこころの中のイメージを経験しているのであり、人工知能によって作り出された作品には、そのイメージに相当するものが存在しないのですから、やはりそれは芸術作品とは言えないのだ、と反論できるでしょうか？　けれども、これは夢のような話です。作品を通して私たちがレンブラントの「こころ」に触れているという言い方は、ロマンチックな比喩としては許容できるかもしれませんが、それを用いて何かを論証することはとても無理でしょう。

それではこんなふうに言い直してみたらどうでしょうか。作品を通して私たちがレンブラントの「こころ」に触れる、という比喩が本当に意味するところは、私たちが何世紀も前の外国に生きていたある人間の心的状態に実際に到達しうるということではなくて、むしろその作品によって、私たち自身のこころの内部にある、何らかのイメージが強く喚起されているということなのだ、と。けれども、もしもそうだとすると、私たちはそれを本当にレンブラントの作品であると信じた（騙された）のだから、やはり機械は芸術作品を作り出すことに成功した、と結論せざるを得なくなるのではないでしょうか——ただし、私たちが「騙され」続けている限りにおいては。

4 「騙すこと」をめぐって

どうやらこの「騙す」ということが、機械と芸術との関係を考えるカギとして役立つように思われます。私たちは子供に「人を騙してはいけないよ」と道徳を教えますが、それはとりも直さず、何か仕掛けをして人を騙すことが、面白く誘惑的な行為であるからにほかなりません。そして美術にせよ文学にせよ、芸術とはそもそも、現実には存在していないものを描き出し、現実と同じように、あるいは現実以上に人を魅了するのだから、ある意味では人を「騙し」ているのです。もちろん芸術制作は、道徳的に非難されるようなことではありません。その理由は、芸術は「騙し」ていることを隠さない（だから厳密な意味では騙しているのではない）し、また騙すことによって何か利益を得ようとしているのではなく、いわば芸術においては「騙す」ことそれ自体が目的となっているからです。

一方、「機械」の概念もまた、「騙す」という行為と深い関係があります。「機械《マシン》」の語源であるギリシア語やラテン語の「マキナ（machina）」は、「策略」のような意味と共に、「投石機」や「起重機」といった具体的な機械をも意味していました。「機械仕掛けの神《デウス・エクス・マキナ》（deus ex machina）」という有名な言い回しがありますが、これはもともと、芝居のストーリーの収拾がつかなくなったときに、最後の場面に神様を登場させて無理やりオチをつけるようなやり方を意味します。古代の演劇では、本当にクレーンのような機械で神様役の役者を吊るして、舞台の上に降ろしたらしいのです。「機械仕掛けの神」というのは、今で言えば、奇想天外な話を「すべて夢でした」と終わらせるやり方（「夢オチ」）と同じで、劇作家としてはけっして褒められない、いわば禁じ手なのです。

「機械仕掛けの神」を使うことがなぜいただけないのかというと、それは「不自然」だからです。もちろん演劇を含むすべての芸術制作は人間による作為であり、「作品」がそもそも「自然」の働きの結果ではないこと（日本、東洋の「書」や陶芸のことを考えに入れると、この区別は必ずしも明確ではなくなりますが）は、誰でも了解しています。にもかかわらず、芸術が芸術であるためには、いわばそれが「作為」でありながらあたかも「自然」であるかのように現れ、そういうものとして受容される、ということが必要なのです。美や芸術の背後にある哲学的問題を論じたイマヌエル・カント（Immanuel Kant）の『判断力批判』（一七九〇年）の中には、次のような有名なエピソードがあります。

> 詩人たちがこよなく賞賛してきた中でも、静かな夏の宵、やわらかな月の光にひっそりと浮かびあがる木立の中から聴こえる、うっとりさせる美しい夜啼鳥《ナイチンゲール》の声にまさるものはない。だがあるとき、招いた客たちをそうした田園の長閑な雰囲気でもてなそうとした主人が、たまたま夜啼鳥がいなかったので、茂みの中に一人のいたずら小僧を隠しておいたことがあった。その子は（草切れか笛か何かを口に当てて）本物そっくりの音色を真似ることができたのである。ところが、鳥の声が偽物だったと露見すると、さっきまであんなにうっとり聴きほれていた客たちは、もう聴こうとはしなくなった。〔…〕私たちが美そのものに直接的な関心を抱くためには、美は自然であるか、あるいは自然とみなされなければならないのである。
>
> （カント『判断力批判』第二十四節「美への知的関心について」、訳は筆者による。）

ロココ時代の貴族の間には田園趣味が流行っていました。この話では、主人はおそらく悪意から客を騙そうとしたのではなく、その日たまたまナイチンゲールが見つからなかったので、仕方なく少年に啼き真似をさせてみたのでしょう。けれども、その声に客たちが図らずもうっとり聴き惚れてしまったので、人のいい主人は種明かしをしないではいられなかったのではないでしょうか。この節のタイトルである「美への知的関心」とは、美的経験をもたらすものが「何であるのか」という認識のことです。つまり純粋な感覚的経験のレベルでは、聴こえている音それ自体は同じなのですが、その音の原因が何か（本物の鳥か、その啼き真似をする人間か）が重要となるのです。美に関心を抱くためには「それは自然であるか、自然とみなされなければならない」のです。逆に言えば、もしもこの主人が人が悪くて種明かしをせず、客が騙され続けているのならば、その限りにおいて美への関心は失われない、ということになります。

　さらにこのエピソードに、カントが言及していない一つの情景を補足するなら、次のようなことも考えられはしないでしょうか。それは、啼き真似をしていたのが少年であることが露見し、客たちは最初は驚き落胆するかもしれませんが、次の瞬間、自然の啼き声と聴き違えるほどの彼の技量を称賛しはじめる、というような情景です。これがいわば、技術を「芸術」として称賛するということです。つまり芸術は技術であり作為であることは明らかなのですが、いわばその「作為」の中にある種の「自然」を見るような認識のモード、とでも言えるでしょうか。より直接的な言い方をするなら芸術とは、文明の中に自然が思いがけない仕方で介入してくる瞬間、そこで「自然」と「人為」とが短絡することで発生する、火花《スパーク》のようなものなのです。その瞬間には、「騙す」ことは手段としての意味を失ってしまい、したがって美に知的関心を持つために騙され続けている必要もなくなるのです。

5　自然と技術とのインタラクション

「芸術」という日本語は近頃、一般にあまり好まれなくなり、その代わりに「アート」という言葉を多くの人が使うようになりました。日本語の「アート」は、「ファイン・アート（芸術）」の略称として使われているわけですが、本来「アート」という概念は、いわゆる「芸術」を超えたはるかに広い意味、「技術」や「技」「やり方」というような意味を持っています。芸術とはそうした技術一般の中の「美しい技術《ファイン・アート》」、言い換えれば何か他の目的に奉仕する手段としての技術ではなく、それ自体が目的であるような技術のことを言います。これがカントによる芸術の定義です。

一方、「アーティフィシャル」という英語には、自然のものではなく「人工の」という中立的な意味の他に、「無理がある」「わざとらしい」といったネガティヴな意味があります。人工《アーティフィシャル・》知能《インテリジェンス》における「アーティフィシャル」は、言うまでもなく中立的な意味です。一方、例えば

an artificial smile（アーティフィシャルな笑い）と言ったら、「作り笑い」というような意味です。しかしながら、作った笑いがすべて「わざとらしい」わけではありません。役者は演技で笑うことができますが、優れた演技は作為でありながら、わざとらしくあってはなりません。それは自然の模倣、つまり「本当に笑っているように見える」必要がありますが、さらに言うなら、それ以上が望まれます。つまりおかしな言い方ですが、本物の自然よりも「自然」であるべきなのです。優れた役者は演技で「作り笑い」すらできますが、それは人が何かを誤魔化そうとして思わず見せる「作り笑い」よりも、ある意味もっと「作り笑い」らしくなければなりません。

このように芸術においては、自然と技術との間には単純な対立はありません。むしろ、互いが互いを反映しつつ、相互に作用し合うような関係がそこにあります。自然と技術とのインタラクションこそが、いわば芸術を駆動するエンジンなのです。このことから、機械と芸術との関係について改めて考えてみるなら、そもそも「ＡＩにアートは可能か？」というような問いそのものが、自然vs.技術、芸術vs.機械といった対立や、そうした対立を自明とする先入観によって、大きく歪められた問題であることが分かります。ナイチンゲールの啼き声をそっくりに真似る少年がいるように、美空ひばりそっくりに歌ったり、レンブラントそっくりの絵を描く機械が存在することは、テクノロジーとしては驚くべき達成ですが、芸術的な観点から言うなら、特に驚くべきことではないのです。それは自然を冒涜するものでも、芸術にとって脅威となることでもありません。むしろ、そうした新たな技術的達成は、芸術表現の可能性を大きく広げる希望と考えるべきです。

重要なことは、「ＡＩは人間の創造行為にとって脅威となる」というような固定観念から、早く自由になることです。そのためには、次のような問いを考えてみる必要もあるでしょう。すなわち、ＡＩが描いた絵画を私たちがレンブラントによる芸術作品と見間違えるのは、実は私たちがこれまで「レンブラント」の中に観てきたものが、本当は「芸術」などでは少しもなくて、単なる「レンブラントらしさ」に過ぎなかったからではないか？という問いです。つまり私たちは、芸術と「芸術らしさ」とを混同してきたのではないか、ということです。「らしさ」の認識や構築、つまり事実の持つ複雑で膨大な特徴要素を正確に分析したり、その結果を用いて再構成する能力においては、言うまでもなく人間よりも機械の方がはるかに優れています。だから、そうした競争で私たちがＡＩに敗北するのは、まったく当たり前なのです。言ってみれば、ＡＩが創造行為にとって脅威に感じられるとすれば、それは、私たち人間自身が創造などしておらず、ＡＩと同じことしかしてこなかったからではないか、ということです。ＡＩが人間に挑戦しているように感じるのは、実は私たち人間が自分自身を（能力の劣った）ＡＩとして理解してきたからではないか、と問うべきなのです。

これがおそらく、「アーティフィシャル・マインド」という言葉が持ちうる、もう一つの意味です。それは、私たちが知らず知らずのうちに、自分のこころを「アーティフィシャル」なものとして理解するようになってしまったのではないか？ということです。けれども「芸術」とは、

「芸術らしさ」の全体とイコールではなく、むしろその外にある何かです。それと同じように「こころ」とは、アーティフィシャルに実現可能なすべての機能の外部にある何ものかのことです。そしてこのことが、現代のテクノロジーが私たちに教えてくれる本質的な教訓なのだと思います。

【参考文献】

アシモフ、アイザック（小尾芙佐訳）『ロボットの時代』ハヤカワ文庫、一九八四年。

カント、イマヌエル（宇都宮芳明訳）『判断力批判』以文社、二〇〇四年。

シェリー、メアリー（芹澤恵訳）『フランケンシュタイン』新潮文庫、二〇一四年。

漱石アンドロイド共同研究プロジェクト編『アンドロイド基本原則――誰が漱石を蘇らせる権利をもつのか？』日刊工業新聞社、二〇一九年。

吉岡洋「アーティフィシャル・マインドをめぐって」京都大学こころの未来研究センター『こころの未来』第二一号、二―六頁、二〇一九年。

講演1

AI時代の心のゆくえ

西垣通

本題に入る前に、前置きとして私の経歴について簡単に説明させてください。本日はＡＩ（人工知能）や「機械の心」といったテーマを、どちらかというと文系の観点からお話しさせていただきますが、私はもともと理系のコンピュータ屋です。メーカーでソフトウェアの研究をしており、四十年くらい前にアメリカのスタンフォード大学に客員研究員として留学しました。当時そこはＡＩ研究のメッカで、そのときＡＩに興味を持ったのです。帰国して大学教員になってからは、技術的知識をもとに情報社会や情報文化について考えてきました。現代思想を本格的に学ぶため、サバティカルで一年間フランスに滞在し、哲学者と討論したこともあります。つまり、理系と文系の橋渡しをするのが私の仕事なのです。こういう経歴は日本では珍しいのですが、ＡＩは文と理にまたがるので、多少は参考になることを言えるかもしれません（拙著『ビッグデータと人工知能』などもご参照ください）。二人の先生方が後でＡＩ関連の専門的なお話をなさると思いますが、私はイントロとして、気楽なお話をさせていただきます。

1 心って何？

「ＡＩ時代の心のゆくえ」というのが私のお話のテーマですが、そもそも心とはいったい何なのでしょうか。なかなか難しいような気がしてなりません。人工の心、Artificial Mind と言いますが、英語でも心は mind だけではなくて、heart とか、spirit とか、soul とか、feeling とか、いろいろある。ニュアンスの違いもあって、mind というと論理的で客観的な感じがしますが、heart というともっと柔らかくて主観的な感じですよね。さらに feeling や sentiment となるとどこか感情的、情動的です。また、spirit とか soul というと、宗教的な雰囲気が出てきます。辞書を引くと、全部ずらっと並んでいます。

そうすると、いったいどのあたりに照準を合わせて、Artificial Mind の研究活動が行われているのかがポイントとなります。平たく言えば、論理的思考の実現がまずベースで、今はそれに感情や情動をどう付け加えるかが問題になっている、といったところでしょうか。まずそのあたりからお話をさせていただきたいと思います。

みなさんが今日聴きにいらしたのは、「いったい機械は心を持てるのか」という素朴な疑問をお持ちだからではないでしょうか。これは難問です。まずリラックスしていただくために、つまらないエピソードをご紹介しましょう。

私は東京生まれで、今朝も東京から参りましたが、京都には修学旅行の思い出があります。今の学生さんは、修学旅行というと、シンガポールに行ったり、沖縄に行ったり、いろいろ派手ですが、昔はもう決まっていましてね、東京からの修学旅行はほとんど京都と奈良なんですよ。鴨川のほとりの修学旅行用の旅館に泊まるのです。先ほど鴨川の傍をタクシーで通ったら、思い出しました。ところが、私には小さなトラウマがあるのです。というのは昔、私が心を寄せていた女の子がいたのですが、修学旅行のとき、彼女が私にちょっとつれない態度をとったんですね。それで、どうも私は京都に来ると、当時の様子がよみがえり、心の古傷がうずくわけです（笑）。

こういうトラウマをコンピュータは持てるでしょうか。これはとても大事な問題だと思うのです。論理よりもっと奥にある情動。両者は不即不離であり、そこが心の活動の核心です。このあたりから話をしていきましょう。

みなさん、スマートフォンをお持ちですね。あれは立派なコンピュータです。スマホだけでなくあらゆるコンピュータの理論的な基礎を築いたのは、イギリスのチューリング（Alan Mathieson Turing）という天才数学者でした。ただチューリングという人は最初から、計算するだけの機械を作ろうとしたのではないんですね。彼は思考する機械、つまり人間のようにものを感じ、心を持つ機械を作ろうとしたのです。

誤解している方も多いのですが、コンピュータというのは四則演算だけをする機械ではありません。もともと論理演算をする機械です。二進法で数値を表せばもちろん四則演算もできますが、基本的には細かい論理演算を組み合わせて、思考のシミュレーションをする機械なのです。例えば、三段論法というものがありますね。「人間は死ぬ」「ソクラテスは人間である」ゆえに「ソクラテスは死ぬ」と演繹的に推論する。つまり、論理命題の真や偽を演算して確かめ、真なる命題を導出するような機械が追究されたのです。

　数年前、チューリングの生誕百年でした。チューリングは二十世紀前半に活躍した人で、ちょうどその頃、西欧で論理主義というものが流行りました。人間の思考を記号で表現して、厳密なルールに基づいて記号を操作し、命題を導く記号論理学こそが正しい哲学なのだ、といった考え方が非常に盛り上がっていた時期でした。ラッセルとホワイトヘッドの『プリンキピア・マテマティカ（数学原理）』はその象徴のような本ですが、これが書かれたのもその頃です。そういう記号操作を機械的にやってしまおうというのが、汎用チューリング・マシンという理論モデルです。その天才的な発想が、みなさんがお持ちのスマホにも反映されているわけです。

　さて、このチューリングという人は面白い人で、ただの冷たい論理的な推論機械だけで満足したわけではありませんでした。優しさとか、愛とか、そういう情動的な思考もコンピュータに組み込めるのではないかと考えたのです。私は三十年ぐらい前、「機械との恋に死す――アラン・チューリングのエロス」というエッセーを書きました。これは、拙著『デジタル・ナルシス』に載っているのですが、もしかするとネットでも読めるかもしれません。

　チューリングという人は同性愛者でした。今なら何の問題にもならないのですが、その当時のイギリスでは、同性愛は法律違反でした。第二次世界大戦のときにドイツ軍の暗号解読に貢献して英雄になったチューリングでしたが、性的な問題で不名誉な罪に問われてしまった。ずいぶん苦しんだあげく、結局、自殺してしまったのです。そういうエピソードもあって、私は、チューリングという人物の内面でいったい何があったのか、彼は何を求めていたのか、知りたくなりました。彼にとってコンピュータは、冷たい論理機械でなくもっと熱い情動機械だったのかもしれない。夢をふくらませてくれる存在だったに違いありません。

でも、それはあくまで「チューリングにとって」、より広くは「人間にとって」のイメージなんですね。人間はコンピュータに夢を託すことはできますが、ではコンピュータは本当に情動や感情を持ち、恋をしたりすることができるのでしょうか。ここで「生きる」ということを深く考える必要があります。ただロボットが可愛いというだけでは済まないのです。ペットのイヌやネコが可愛いというのとはまったく別の話です。情動や感情を持つ心を論理演算機械で実現可能だと断定するのは、あまりに早計だと思います。

2 自律性と責任を問い直す

現実的なお話に移りましょう。確かに最近、ＡＩの応用領域が広がってきました。真なる命題を自動的に導く推論だけでなく、画像や音声など、各種のパターンを認識できるようになりました。ＡＩに社会的判断をまかせられると期待する声もあります。公平中立で、適正な判断をしてくれるだろうというわけです。このあたり、機械翻訳とか深層学習などについては、後で二人の先生方が詳しいお話をしてくださるはずですけれども、ポイントは、今のＡＩは昔のＡＩとは違うということです。今のＡＩは統計処理によって推論するので、論理的な演繹推論と違って、絶対に正しい結果をもたらすわけではないのです。

　そうなると、ここでいろいろな問題が現れてきます。ＡＩが間違った判断をすることがあるということは、繰り返し強調しなくてはなりません。もちろん、人間も間違えますから、そのことだけでＡＩが駄目だということにはならない。ただ、論理的な正しさと、情動的な共感との違いを踏まえて、ＡＩに総合的な社会的判断をまかせることの妥当性を検討する必要があるということです。「心を持つ機械」ができれば、ちゃんと判断してくれるだろうと信用して安易に丸投げしてはいけないということです。人間なら、データ処理に基づく論理的推論に加えて、状況に対する共感をもとに柔軟に判断するという面もありますが、はたしてＡＩにそんなことを期待できるでしょうか。

　具体的に言いましょう。例えば医療診断です。ＡＩは大量の画像データを高速処理して診断できると言われます。でも、もし間違ったらどうなるのでしょう。誤診で死亡事故が起きたら、いったい誰が責任を取るのでしょう。ＡＩによる誤りの責任は、いったい誰が取るのかということは、一生懸命に考えなくてはなりません。

責任に関連して、自律的な判断能力が問われてきます。LAWS《ローズ》という言葉をご存じでしょうか。これは、Lethal Autonomous Weapons Systems のことです。『リーサル・ウェポン』という映画がありましたね。リーサルとは「致死性の」という意味です。でも、ただの「リーサル・ウェポン」ではなくて、「オートノマス (autonomous)」が入っている。だから、LAWSとは要するに軍事用のＡＩ兵器のことです。精確には「自律型致死兵器システム」と訳されるのかもしれません。

でも、ＡＩによるロボットや兵器は、本当に自律しているのか——そこを私は問いたい。本当にＡＩが自律的に判断しているとは言えないのではないでしょうか。逆に言うと、実は一部の人間が裏で操作しているのに、責任を機械に負わせるという事態になってしまう危険があるわけです。ですから、ＡＩ時代には、自律性と責任という概念について、もっときちんと考えてみなくてはならない。ただ、研究会でこういう話になると、とかく議論が混乱して、迷走してしまうんですね。なぜかと言うと、議論の前提が近年は急に違ってきたからです。昔は、自律的に思考したり、判断したりしているように見える機械など無かった。自律性の議論から、機械は排除されていました。例えばエレベーターは、自動的に動いてはいるけれど、誰も自律的だとは思わないし、故障で事故が起きてもエレベーターのせいにはなりません。決まった動作をするだけではない機械が出現したので、自律性とは何かが問われつつあるのです。

ここで自律性という概念を振り返ってみましょう。常識的には、昔から長い間、人間の社会的あるいは実践的な自律性が問題でした。例えば、「お前ももうそろそろ大人なんだから、自律して、自分で判断しなさい」などと親がよくわが子に説教しますね。この場合、自律というより「自立」と言ったほうがいいかもしれません。周囲に頼らず、自分自身の価値判断で行動しなさいということですね。なぜ親はこんなことを言うのか、それは、われわれ人間はみな社会の制約のもとにあるからです。だから、制約に従って自分で判断せずに行動することも多い。くだらない例ですが、私は今朝六時に起きて京都までやってきました。昨夜は遅くまでテレビを見ていたので、早起きはつらいな、という気持ちもありました。でも、今日、京都に来るのは約束ですし、来ようと自分で判断したわけです。単に制約に従ったわけではありません。ひどく眠くて体調が悪かったら、行かないという選択肢もあった。また、家族が倒れたといった緊急事態が発生したら、お詫びして講演をお断りしていたでしょう。

　このようなわけで、人間の心というのは、制約のもとで行動している一方で、自由に行動を選択することもできる。しばしば自分の意思と社会的制約の間でコンフリクト（葛藤）が起きます。このコンフリクトのもとで、でも自分の自由意思を貫いて判断し行動する、というのが「社会的自律性」があるということであり、自分の判断に「責任」を持つということなのだと思います。

　もっと深刻な社会的判断が求められることもあります。中東地域あたりではいろいろな紛争が起きていますね。ああいうところでは、自分の道徳心と軍事的なルール（制約）との間でコンフリクトが起きて、苦しんでいる人たちがいっぱいいるでしょう。小さな子供が爆弾のようなものを抱えて走ってきたら、いったい射殺していいのでしょうか。人間なら迷いますが、もしＡＩだったらどうなりますか。戦闘ＡＩロボットには迷いなどなくて、あらかじめ定められたルール通りに、射殺するかどうか決断するはずです。そんなＡＩが自律的だなどと言えるでしょうか。

3 機械は自律性を持つのか？

私が申し上げたいのは、生物と機械の本質的違いということです。ちょっと天下り的に申しますが、生物は根本的に、自律的に行動しています。これは当然の話です。鳥だろうと、ゴキブリだろうと、ハエだろうと、みんな勝手に生きている。もちろん制約はあります。知覚器官による制約もあるし、遺伝による制約もあります。でも、基本的には、自分で自分の行動のルールを作って生きているのです。環境の中での行動が自己循環的に記憶を作り、長期的には遺伝に作用して、行動ルールに反映されていく。誰かがあらかじめ設計した行動ルールを守っているわけではありません。行動ルールを作るのは生きるためです。誰かを好きになったり、何かを怖がったりする情動や感情も、生きるために生物進化上で出現したのです。

　ところで、生物の行動ルールの内実は簡単には分からない。もちろん記憶や遺伝がありますから、外から見ても、ルールの推測はできます。でもルールはいつ変わるか、どう変わるか、分からないわけです。だから、人間はもちろん、あらゆる生物について、行動の精確な予測は原理的に困難なのです。つまり、たとえ様々な制約があったとしても、生物は基本的には自律的に生きているのです。これが人間の社会的自律性のベースのはずです。

それに対して機械は違います。コンピュータだけではなく、あらゆる機械は指示されたルールに従って他律的に行動する。ただ、学習機械の場合、その行動は次々に変わっていきますので、表面上、自律的に見えることも少なくない。例えば、ロボット掃除機の「ルンバ」というのがありますね。ルンバの掃除の仕方は、時間とともに変わったりすることもあるかもしれない。とはいえ、その変化の仕方そのものは、やはり事前にプログラミングされ、明示的に決まっているわけです。生物の学習との違いはきちんと区別しないといけない。

そうすると、先ほどのLAWS、自律型致死兵器システムという命名は、やはりおかしいのではないでしょうか。本当は人間の専門家がプログラミングして、間接的にせよ、他律的に操作しているのです。それなのに、ＡＩが自律的に判断したなどというのは、責任逃れではないでしょうか。LAWSが誤射で子供を殺してしまったら、その責任はあくまで人間が取るべきです。

大ざっぱに整理しますと、次のようになると思います。

理論的自律性　⊇　自由意思　⊇　責任　⊇　実践的自律性

集合論の符号のようなものを書きましたが、左辺が右辺の必要条件ということです。ここで「理論的自律性」とは、他者に言われた通り行動しているのではなく自分で勝手にルールを作って生きているという「生物的自律性」のことです。自分でルールを作って行動できなければ、「自由意思」など持てるはずはないし、自由意思がなければ「責任」を取れるはずもありません。そして「実践的自律性」とは、親が子に持ってほしいと望む「社会的自律性」のことで、責任を取れることはその前提のはずです。ちなみに、未成年の子供は、自由意思は持っていてもまだ「責任」は取れませんよね。また、「責任」を取る人物が常に「実践的（社会的）自律性」を持っているとは限りません。この間、どこかの電力会社の幹部が、原発工事に関連して地方の有力者からワイロをもらったというニュースがありましたね。幹部は責任を取りましたが、内心では「なんで俺が責任を取らなければならないのか、全然わからないよ、うまく事を運ぶためには必要だったんだよな」と本音をつぶやいていたかもしれません。もし幹部が真の実践的（社会的）自律性を持っていたら、そんな言葉は出てこないでしょう。これは内面的な道徳の問題です。現代社会には厳しい制約がありますから、カントが心配したように、実践的自律性を持ち、内面道徳に従って生きることはなかなか難しいのです。

　最近まで、自律性に関しては、こういった実践的（社会的）自律性についての議論が大半でした。責任についても同じで、人間の行動にまつわる概念だというのが大前提でした。機械が責任を取るなどまったく問題外で、共同体を作って生きる人間どうしの関係から責任という概念が問われてきたのです。だから、ＡＩが登場して、機械が心を持つかもしれないということになると、文系の学者の間から「もし機械が決して自由意思を持たないと論証できなければ、ＡＩに責任を問うことも皆無とは言えない」といった奇妙な意見が出てくる。こうして議論が混乱してしまうのです。しかし、いったい誤判断で事故を起こしたコンピュータを牢屋に入れることなんてできるでしょうか（笑）。

以上のように、生物以外の機械は、学習する最新ＡＩも含めて、原理的に理論的自律性を持たないし、ゆえに実践的（社会的）自律性を持つとは言えないのです。機械はあくまで他律的存在であり、自由意思もなく、責任も問えないのです。

ただし、今、私が述べたことは、自律性／他律性についての基本的な整理にすぎません。ＡＩ時代には、コンピュータをはじめ多様な電子機器類が生活環境に組み込まれていきます。機械と人間が複合的な関係を作り、相互作用を行いつつ行動する場合も増えてくるでしょう。このとき、どこで自律システムと他律システムの境界線を引くかは大変難しくなります。複合システムが、疑似的な自律性を持つように見えることもあるのです。自律性についてのもっと精密な議論については、われわれの若手研究グループがまとめた『ＡＩ時代の「自律性」』という本を参照してください。

さて、ここで一つ大事なことを申し上げなくてはなりません。いったい誰が、いかにして自律性の有無を確かめるのか、ということです。観察者による、生物と機械の相違の見分け方、と言い換えてもよいでしょう。眼前でぎくしゃく動いている機械なら誰でもロボットだと分かりますが、ネットの中で親しげに話しかけてくる相手がいったい人間なのかＡＩのチャットボットなのかを見分けるのは、だんだん難しくなっていくはずです。では、相手が理論的自律性を持っていると判断するための基準は何でしょうか。それは、「相手の行動の予測ができないこと」ではないかと考えられます。

例えばエレベーターであれば、他律的なただの機械だとすぐ分かりますよね。一階から行く先が五階だったら「五」というボタンを押せば、だいたい五階まで行くだろうと予測がつくわけです。誰もボタンを押さないのに三階で止まったら、誰かが三階で乗ろうとしているんだなと見当がつく。ところが、機械が予測がつかないような妙な行動をとり始めたら、だんだんわけが分からなくなってくるでしょう。ＡＩではそういうことも起こりうるのです。端的に言うと次の関係が成り立ちます。

予測困難性　$\supseteq$　理論的自律性

つまり、対象が自律性を持つための必要条件は、対象の行動を完璧に予測することができないということです。もし完璧に予測できるなら、その行動ルールはあらかじめ決定されています。そして生物の行動ルールは原則として常に変わりうるので、この関係を満たすことは分かりますね。問題は、機械においてもそんなことがあるのか、という点なのです。

4 情報学をめぐる二つのパラダイム

このあたりから、われわれの研究グループが構築している基礎情報学の議論について少し述べさせてください。まず初めに、二十世紀半ばに始まった情報の学問には、パラダイムが二つあるということを申し上げたいと思います。ここで言う情報の学問とは、とりあえずコンピュータを中心とした情報科学あるいは情報工学のことです。

第一は「コンピューティング・パラダイム」とか「情報処理パラダイム」とか呼ばれるものです。これは、万事を神様のような高い所から俯瞰的に眺めて、論理的に計算して答えを出すという考え方にほかなりません。論理的に完結した単一の客観的な全体世界が前提となっています。実際に得られるデータは全体世界の記述のごく一部ですが、それを処理して答えを出すのです。科学技術の研究開発の現場では、ほとんどこのアプローチがとられています。コンピュータを使って何らかの問題を解くことも、このパラダイムに基づく処理です。コンピュータ技術の急速な発展とともに、コンピューティング・パラダイムはとても優勢になりました。ＡＩも含め、いわゆる情報科学や情報工学は基本的にこのパラダイムに準拠していますから、Artificial Mind の研究開発もコンピューティング・パラダイムを前提にしていると言えるでしょう。ちなみに、このパラダイムは、汎用チューリング・マシンを具体化して現在のコンピュータにつなげた立役者である大数学者ジョン・フォン・ノイマン（John von Neumann）の名前をとって、「ノイマン・パラダイム」と呼ばれることもあります。フォン・ノイマンは、客観的世界を分析して論理的に答えを出すコンピューティング・パラダイムの親玉なのです。

一方、フォン・ノイマンが活躍した二十世紀の前半から半ば頃に、そのライバルと言われる大数学者がいました。それがノーバート・ウィーナー（Norbert Wiener）です。両者ともユダヤ系の大変な天才です。ウィーナーは制御工学の元祖なのですが、第二のパラダイムを立ち上げた人物でもありました。それが「サイバネティック・パラダイム」に他なりません。そして私は、第一のコンピューティング・パラダイムだけでなく、この第二のサイバネティック・パラダイムからの考察を加えていくことが、Artificial Mindの研究開発には非常に大切だと思うのです。

サイバネティック・パラダイムとは、ごく簡単に言うと、生物の多様な主観的世界を重んじる、という考え方です。コンピューティング・パラダイムが客観的な全体世界を前提にしているのと好対照をなしています。さらに、コンピューティング・パラダイムは静的な完結世界がベースですが、サイバネティック・パラダイムは動的に変化する世界が前提です。何しろ、生物は生きていますからね。

ウィーナーは、ちょうど私の生まれた一九四八年に『サイバネティクス』という本を書きました。この本には「動物と機械における制御と通信」というサブタイトルがついています。お読みになった方も多いのではないでしょうか。この本を読んで、よく考えていくと、制御工学のことだけでなく、心の問題もいろいろ分かってくるのです。

ウィーナーは、第二次世界大戦中、高射砲の研究をしていました。当時は一流の科学者はみな戦争に動員されました。来襲する敵機を高射砲で撃墜しようとするわけですが、飛行機はすごく速いですから、飛翔の軌道を予測して撃たないと当たりません。予測するとき、高射砲の射手の見ている世界、観察している世界というのは限られています。神様のように上から俯瞰的に見ているわけではない。下のほうから、限られた狭い視点から見るわけです。ノイズの影響を排除して、限られたデータを統計的に処理して、うまく当てようというのがウィーナーのアプローチでした。この人の専門は数理統計学でしたから。

高射砲というのは、ある決まった地点から撃つのですが、やがてミサイルが敵機を追尾して撃墜しようということになります。この追尾メカニズムは、ワシとかタカなどの猛禽類が獲物の鳥を空中で追いかけていくのに近い。つまり、ワシやタカの視点から見た限られた世界の中で、対象に向かって距離を縮めていくわけです。ただ、相違もあります。ミサイルの場合は、あらかじめ設計された通りの他律的なフィードバック制御ですが、猛禽類の狩りの場合は、獲物の鳥が逃げようとして突然思いがけないような飛翔軌跡を描くこともあるので、狩りを成功させるためには追尾の仕方をいろいろ創造的に変えていく必要があるのです。

ここで一つ、大事なポイントが出てきます。ウィーナーは初め、「動物と機械における制御と通信」というサブタイトルに示されるように、動物と機械をある意味では同じように扱おうとする傾向がありました。動物の脳神経系も電子機械回路もシステムとして同質だというわけです。でも、どうやら、そうではない。機械の場合は、その入出力メカニズムを全体世界の一部として外側から設計することができます。しかし動物は、時々刻々、体験や遺伝をもとに、自律的に自分の世界を構成し直し、作り変えているのです。動物はみな、生物学者のフォン・ユクスキュル(Jakob von Uexküll)が言った「環世界(Umwelt)」、つまり主観的な世界に住んでいるので、そのありさまを内側から分析しなくてはなりません。

5 ネオ・サイバネティクスの登場

こうして、ウィーナーが先鞭をつけたサイバネティクスは変わっていきました。動物と機械には共通点があっても、本質的に違うところがあるという思考が生まれたのです。生物というのは、ある限られた視点から世界を見ているのですが、そのありさまは、客観的な全体世界の一部ではなくて、自分で自律的に構成し、時々刻々作り変えていく主観的な世界だということです。イヌもネコもゴキブリも、みなそれぞれ特有の主観的世界に生きている。これは動物行動学の考え方です。例えば、今、京都大学の総長をされている山極壽一先生は、ゴリラを外側から機械のように見ているのではないでしょう。ゴリラの気持ちになって研究されているわけです。人間もそれぞれ主観的な世界を自分で構成しながら生きている。みなさん一人一人もそうですよね。これに気づくのは、すごく大事なことです。

こうして、一九七〇〜八〇年代にかけて、「ネオ・サイバネティクス」という学問が誕生しました。これはウィーナーの古典的サイバネティクスをもっと突き詰めて洗練させた学問で、始祖は、ハインツ・フォン・フェルスター（Heinz von Foerster）という物理学者でした。こうして「サイバネティック・パラダイム」が生まれたのです。古典的サイバネティクスからネオ・サイバネティクスへの転換は、システム論的には「観察された（observed）システムから、観察する（observing）システム」への転換と言われています。平たく言えば、外側から対象を分析するのではなく、内側から分析しないと駄目ですよ、ということです。われわれの研究グループはネオ・サイバネティクスを研究しているのです（詳しくは『基礎情報学のヴァイアビリティ』などをご参照ください）。

関連して、思いついたことを言わせてください。最近、脳科学が発達して、それを心の分析につなげるアプローチがあります。例えば、被験者が何かを見たり、行動したりしているとき、被験者の脳のどの部位が活性化しているかを、頭に装着した装置を使って実験的に調査分析しています。もちろん、興味深い科学的分析結果も得られるでしょう。でも、脳の調査データを一挙に心の働きと直結してしまうことには、私には違和感があるのです。たとえ心の働きは脳の活動がベースになっているとしても、脳の調査データは外側からの分析です。ところが、心の働きは内側から、つまり被験者の身になってみないと、よく分からないのではないでしょうか。観察者の視点を度外視して、人間の心の内面を語るのは理論として乱暴すぎるというものです。

最初の修学旅行の例で、若かった私は心の中で、「彼女は僕のことをどういうふうに思っているだろう」と考えたりしていました。その内実の「感じ」は、いくら私の脳細胞を調べても分からないでしょう。私以外には決して分からないわけです。歳月が流れた今では、あれは考えすぎだったなあ、特に傷つく必要なんてなかったな、という気もしますが……。

つまり、何だかんだ言っても、人間は世界を、自分の主観的な視点からしか見ていないのです。そういうものとして「心」を捉えなくてはいけない。よくＡＩは文章の意味を理解できないと言われますが、意味というのは本来、それぞれの心の中に、流れるように主観的に立ち現れるものです。それが「意味」なのです。他人とコミュニケートするためにはもちろん共通の言葉が不可欠ですが、辞書に書かれているような固定的な言葉の意味というのは、本来は二次的な産物に他なりません。だから、手紙を書いたら、その内容を相手がどう解釈するかなど本当は分からない。俯瞰的な視点から世界を捉えるコンピューティング・パラダイムによれば、ＡＩもやがては言葉の意味を理解できるということになるかもしれません。しかし、サイバネティック・パラダイムによれば、おのずから限界があるということになります。

6 心はオートポイエティック・システムである

そのあたりを徹底的に突き詰めてモデル化したのが、オートポイエーシス理論というものです。これはマトゥラーナ（Humberto Romesin Maturana）と、その弟子のヴァレラ（Francisco Javier Varela Garcia）という、生物学者であり、また哲学者でもある人たちが一九七〇～八〇年代に提唱した理論で、われわれの基礎情報学のベースになっています。彼らはフォン・フェルスターとも親しい交流がありました。オートポイエーシス理論によれば、心とは「閉じたシステム」だということになります。

こういうことを言うと「そんなのはおかしい、心は外部から刺激を受けてどんどん変わっていくのだから、開いているじゃないか」と批判する人がいますが、これはまったくの誤解です。変わり方が問題なのです。心は外部から刺激を受けますが、機械のようにそっくり情報をインプットされるのではなく、自分で意味解釈して自分なりのやり方で内発的に変わる、ということです。

「オート」とは自己、「ポイエーシス」とは「創る」ということですから、「オートポイエティック・システム」は「自己創出システム」と訳されます。つまり、自分で自分を創り出す、自己言及的なシステムがオートポイエティック・システムです。われわれ人間はみんな、自分で主観的に世界を作っているのです。ここが大事なポイントです。自分自身の過去の記憶に基づいて自己異なる世界を作り出して、その中でそれぞれ暮らしている。客観的世界のようなものの中にはめこまれているのではないのです。天下り的に客観的世界を想定するのはコンピューティング・パラダイムですが、本当は、一人一人の主観的世界が集まって、事後的に客観的世界が出来てくるのです。

オートポイエティック・システムである心は、閉じていても決して独我論にはなりません。私が新幹線の時刻表を勝手に解釈して、昼過ぎに東京を出発したら、今でもまだこの会場に到着していないでしょう。主観的な世界は、社会の中で行動する体験を介して、各自の心の中で相互に調整されていきます。いわゆる間主観性です。間主観性をもとに、客観的世界というものが一応、措定されている。そういうふうに考えたほうが、心の問題を扱うには精確だろうと思います。

人間の心だけでなく、生物の神経系はみなオートポイエティックな特性を持っています。むろん、生物は物質系でもありますから、代謝を行うという点では外界に開いていますが、自分なりの環世界を作って行動するという点では閉じている。それが生物の自律性なのです。ゴキブリでも何でもそうです。過去の習性はありますから、同一刺激に対して同じような反応をすることが多いとしても、突然変わった反応を示すこともありうる。生物はある意味で、その瞬間、瞬間に新しく生きているのです。

そうなると、生物はコンピュータのような機械とは根本から違うのではないか、という気がしませんか。オートポイエーシス理論によれば、生物はオートポイエティック・システム、機械はアロポイエティック・システムと分類されます。「アロ」とは「異なる」という意味です。アロポイエティック・システムは、自分と違うもの（他者）によって作られ、自分と違うもの（他者）を作り出す。ＡＩロボットは、人間と似ているようでも、アロポイエティック・システムであり、あくまで他律システムなのです。

とはいえ、ここで一つ大きな問題が生じます。先ほど予測困難性の話をしました。外から見たとき、行動の予測が困難だというのが自律性の大前提でした。ここで、ヒト型ロボットのPepper君とか、情報端末のアシスタント機能であるSiriなどとよくお話ししている方にお尋ねします。話していると、なんとなく、相手が自律的な心を持っているような気がしてきませんか？　なぜなら、こちらが話しかけると、相手はいつも同じ返答をするわけではないからです。ＡＩに限らず、一般論として、たとえどんな機械であっても、相手が論理的に複雑で分かりにくい特性を持っていれば、行動の予測が困難になるのです。

後ほど尾形哲也先生から専門的なお話があるかと思いますが、深層学習というのは、脳神経に似たニューラルネットワーク・モデルを使っているので、その処理の仕方が複雑です。プログラムを細かく調べても、なかなか処理内容の分析が難しい。私などは古いコンピュータ屋で、プログラムの処理をステップごとに追っていく作業をした経験がいろいろあります。大規模なプログラムになると、全体の機能として何をやろうとしているのか、開発者本人にさえ分からなくなってきます。ＡＩプログラムは複雑で大規模なものが多いですから、処理内容が不透明になりがちなんですね。そうすると行動の予測がつかなくなる。こうしてＡＩの「疑似自律性」という特性が現れてきます。

ＡＩロボットと遊んでいるうちは、「面白いこと言うねえ」でいいのですが、例えば軍事ロボットになると疑似自律性は危険なものになるでしょう。先ほど言いましたが、今のＡＩは統計処理をするので、間違えることもある。そのとき、疑似自律性を持つＡＩに責任を負わせようという議論が出てくる恐れもある。

ＡＩはものすごく高い処理能力を持っていますし、うまく活用すれば大変頼りになるけれども、間違ったときにその責任はどうなるのかという倫理的な問題を問わなければ、やがてＡＩブームは挫折するでしょう。行動予測が困難なＡＩロボットを作って、面白いと喜んでいるだけでは幼稚すぎます。誠実な工学者なら、「ＡＩの処理をブラックボックスにするな、透明にしなければ危険だ」という主張をしなくてはならない。もちろん、ＡＩ研究者の中にも、そういう主張をしているまともな研究者はたくさんおられます。

7 シンギュラリティとホモ・デウス

それにしても、いったいなぜ人間のような心を持つ機械、社会的判断をまかせられるような機械を作りたいのでしょうか。そこには、効率追求だけでなく、宗教的、文化的な背景があると思われます。端的には「トランス・ヒューマニズム（超人間主義）」で、これは、どこかに人間よりももっとすごい超越的知性が存在するという考え方です。トランス・ヒューマニストには欧米の学者が多いのですが、これはやはり一神教という伝統のせいもあるのでしょう（詳しい議論は拙著『ＡＩ原論』をご参照ください）。人間をはるかに超えた、神のような知性が与える真理、はたしてそんなものが在るかどうかは難しい問題です。でも、それに近づいていこうというのがトランス・ヒューマニストなのです。チューリングとかフォン・ノイマンとかいう人たちは、トランス・ヒューマニストだったと思います。機械というものを使って、われわれの知力も上がっていく、やがては神の知に近づいていく、それが正しい学問なのだ、という信念です。

現代におけるトランス・ヒューマニストの代表が、アメリカの未来学者であるカーツワイル（Ray Kurzweil）です。この人はなかなか人気があります。カーツワイルが提唱している「シンギュラリティ仮説」というのをご存じでしょうか。シンギュラリティとは、この場合は「技術的特異点」のことです。この仮説によれば、二〇四五年頃に、バイオ工学の発達もあって、人間を超えた知力を持つＡＩができる。人間より賢いＡＩが何でも判断して働いてくれるので、もうわれわれ人間は遊んで暮らせるようになるのだそうです。日本でもその尻馬にのって、普通の人は働かなくても政府からベーシックインカムというお金をもらえるから楽チンだ、なんて言う人も結構いるんですよ（笑）。

　カーツワイルが二〇四五年という時点を予測する根拠は、ＡＩをはじめ技術的能力が指数関数的に増大するからだと言うのです。指数関数というのは、一定時間経つごとに倍々に増えていく、そういう関数のことです。つまり急激に技術が進歩していく。過去、半導体の集積密度については、確かにそういう実績がありました。一方、人間の脳細胞の数は限られていて、せいぜい千億個ぐらいです。さらに反応速度はコンピュータよりはるかに遅い。そうすると、ＡＩの能力がやがて人間を超えるのは当たり前ではないかという議論になってしまう。でも、このシンギュラリティ仮説はあまりに粗雑ではないでしょうか。完全にコンピューティング・パラダイムに基づいていて、サイバネティック・パラダイムからの考察はまったく欠けているわけです。

　カーツワイルはとても楽観的なのですが、もうちょっと悲観的なトランス・ヒューマニストは、ハラリ（Yuval Noah Harari）というイスラエルの歴史家です。『サピエンス全史』に続いて『ホモ・デウス』という本を最近出版し、ベストセラーになっているので、お読みになった方もいると思います。そこには、やがて近未来に人間はみんな「データの集まり」になってしまうと書いてあります。われわれの名前や年齢、身長や体重、また支持政党や趣味など、一切の情報がすべてデータとなって、ＡＩのアルゴリズムで処理できるようになる。アルゴリズムというのは、チューリングが明確化したもので、要するにコンピュータプログラムのような形式的な論理手続きのことです。さらに、人間がデータになるだけではなく、人間が二つの階級に分断されてしまう、そうハラリは断言します。
第一のエリート階級はホモ・デウス。「デウス」とは神様のことです。この階級に属する人間はだんだん神様に近づいていく。第二は無用者階級、ユースレス・ピープルのクラスで、要するに役立たずの者たちの階級です。第一のエリート階級の人数はごくわずか、一方、圧倒的多数の一般人は第二の無用者階級に落ちぶれていく。彼らは機械部品のように、一群のデータとして処理されながら哀れな一生をすごす。ＡＩを駆使してデータを自由に処理するのが第一のエリート階級なのです。カーツワイルは、自分が第一の階級に属すると確信しているから、楽観的なのかもしれません。

みなさんやご家族は、どちらの階級に入るのでしょう。エリート階級でしょうか。私は自分が無用者階級に入ると思う。ＡＩを悪用して、他人をだますエリートにはなりたくない。大部分の人間は徹底的に格下げされてしまうのです。これは悲しいことではありませんか。私は、やれ心を持つロボットができる、やれシンギュラリティが来るなどと舞い上がる前に、もっときちんと考えましょうと主張したいのです。

トランス・ヒューマニズムの議論は、私に言わせると根本的なところがおかしい。コンピューティング・パラダイムに基づいて、人間の心を外側から分析して設計した「賢いＡＩ」を、まるで神様のように祭り上げる。実はＡＩを悪用して一般の人々を支配しようとしているのではないでしょうか。理論的に見ても穴がありすぎる。シンギュラリティ仮説にせよ、ホモ・デウス仮説にせよ、機械的データ処理ばかりに注意を向けて、生物本来の意味や価値というものへの配慮がまったくない。どこかに神様のような知が存在して、人間はそれに近づいていけるのだ、ＡＩによってどんどん近づいていけるのだというわけです。でも、意味というのは本来、生き物である自分にとっての意味、自分にとっての価値ということですよね。意味を作るのが心の働きです。ゴキブリにとって意味があるのは、私の話などではなく食べ物です。もしこの会場のどこかにお菓子でもあったらピッと来るんです。でも人間も、基本的にはゴキブリと同じ生き物ですよ、違いますか。そういう「生き物としての人間」を慈しむこと、尊重することが大切なのです。

トランス・ヒューマニズムには美しい面もありますが、下手をすると残忍な支配や抑圧につながる危険性をはらんでいる。ＡＩの決断は絶対に正しい、だからそれに従えという考え方は、過去の一神教徒による有色人支配の歴史を想い出させるものです。人工の心、Artificial Mind の実現性などをうんぬんするより、ＡＩの応用において、そのような方向に暴走しないように注意することが肝心です。

8 自動運転への期待

ちょっと抽象論が続きましたが、これからもう少し身近で具体的なＡＩ技術の工学的応用の話をさせてください。その中から、望ましいＡＩの研究開発の方向性が見えてくると思います（河島茂生との共著『ＡＩ倫理』もご参照ください）。

今、話題になっているＡＩ関連のテーマの中で、私は自動運転に期待しています。うまくいけば、交通事故の発生率を一挙に減らせると思うからです。特に過疎地や高速道路においてです。過疎地の高齢者には車は必需品です。だから、ゆっくり動いて、物も運んでくれる自動運転のシステムができれば便利なのではないでしょうか。これはいわば遊園地の子供用カートを大規模にしたようなものです。

自動運転車で大切なのは、環境条件が安定しているということです。安定していれば、ＡＩの学習効果によって自動運転車はうまく動くでしょう。バスとタクシーであれば、バスのほうが簡単です。バスではちゃんとルートが分かっていますから。タクシーだとどんな道を通るか分からないので、タクシーの自動運転車は難しいでしょう。また一方、高速道路での活用も考えられます。センサーがうまく張り巡らされていれば、高速道路網の集中制御で事故を防ぐこともできるのではないでしょうか。ただし、もちろん、万一事故が起きたときの責任問題については、きちんと考えなければなりません。

みなさんは「トロッコ問題」をご存じでしょうか。猛進してくるトロッコの先に、二通りに分かれた軌道があって、片方には五人、もう片方には一人の人間がいる。このまま直進すると犠牲者は五人となってしまう。そうしたときに、転轍機をガチャッと回して、犠牲者が一人になるように軌道修正すべきか否か、というのがトロッコ問題です。

自動運転車でもまったく同じ倫理的問題が起きます。自動運転車がハンドルを左に切ったら犠牲者は一人で済むけれど、そのまま直進すれば五人が犠牲になる。ブレーキが間に合わないとき、はたしてハンドルを左に切るべきか。例えば、こういう倫理的な問題をＡＩはどういうふうに扱うべきでしょうか。

人間のドライバーであれば問題にはなりません。その瞬間とっさに判断するからです。それでもし誰かを殺してしまえば、責任を問われることになる。それが人間でしょう。でもＡＩの自動運転車は、とっさに判断することはできない。あらかじめどうするか決めておかなければいけない。倫理規範に基づくプログラムが実装されていて、それに基づいて行動するわけですから、そこが違うのです。つまり、細かい倫理規範を人間が事前に協議して決めておく必要がある、ということです。トロッコ問題の場合は、誰もが納得する解はありません。一人と五人の命の重さを比較することは難しいからです。単純に数で比べることはできないのです。

こういう難しい問題も含めて、メーカーの開発担当者とか官僚とか学者などが協力して、倫理規範をきちんと考えていく。そして自動運転車に組み込んでいく必要があります。そういう手続きを踏みながら、安全第一で開発していけば、私は割合に近い未来に、自動運転車は現実化すると思っています。

9 人間のスコアリングの明と暗

今、ＡＩ応用で一番問題になりそうなのは、個人データの収集とスコアリングというテーマではないでしょうか。巨大なプラットフォーム企業が個人データを集めることが多いのですが、自治体や政府が集めるときもある。われわれ一般の人間が生活していると、いつのまにかデータを提供してしまう、ということがあるのです。日頃どんな店に行き、どんな商品を買っているか、どんな娯楽を楽しんでいるか、といった個人データをＡＩが分析してマーケティングに活用する。お勧め商品の宣伝が舞い込んできて消費が活性化し、便利だという声もあるし、逆に、プライバシーの侵害だという声もあるでしょう。

中国などでは、購買履歴だけでなく、あらゆる個人データを政府や大企業が集めているようです。学歴や職歴、また、どういう持病を持っているかとか、過去にローンの踏み倒しをやったか否かとか。就職のときに使われたり、住宅ローンの与信判定に使われたりします。人間にスコアをつけるこの種のスコアリングによって、ＡＩ社会では人間の差別化が起きないとは限らない。中国はすでにスコアリング社会になっているという噂もあります。

スコアリングが全面的に悪いとは言いませんが、下手をすると、新たな階級社会ができてしまう。しかも、そのスコアリングは自動的にこっそり行われる。いったん低スコアになると、就職でも結婚でも、あらゆる面で不利になる。何か間違いがあって、「私は変なスコアリングをされてしまいました、修正してください」と抗議しても、「ＡＩが判定したのですから正しいはずです」と取り合ってくれない。だからなかなかスコアを上げられない。これは困りますよね。

先ほどのホモ・デウスの話とも関係していますが、たとえスコアが低い人でも、ちょっと運が悪いだけで、まじめに一生懸命生きている人は多いはずです。そういう人の身になって考えなければいけない。各自がかけがえのない世界を作って生きている。サイバネティック・パラダイムからはそうなります。コンピューティング・パラダイムだけに頼っていると、ＡＩ社会は便利なだけではなく、かえって恐ろしいものになっていくのではないでしょうか。

日本でも今、個人がだんだんアトム化され、ばらばらになってきて、格差が広がっていると言われます。やがてエリート階級と無用者階級に分かれるとすれば、落ちこぼれたスコアの低い無用者階級の人の中には、いろいろな犯罪を行う人も出てくる。そういう犯罪で被害を受けるのは、一番立場の弱い人です。幼い子供や貧しい高齢者ですね。犠牲者を減らすにはどうすればよいのでしょうか。

欧米ではすでに、悪質な性犯罪歴のある人物には、ＧＰＳ（全地球測位システム）の端末を体に埋め込むというような措置をとっているところもあるらしい。日本では人権問題がからむので、やっていないと思いますが、一般市民の間にも、子供たちを守りたいという理由で、これに賛成する声も出てくると思います。

そういう社会にしてはいけないでしょう。経済効率を追求するあまり、一人一人の主観的世界を尊重しないようになると、社会の安全性は崩れていく。これは難しい問題です。

10 ＡＩと芸術創造

最後に、ちょっと浮世離れした話をさせてください。近頃、ＡＩが俳句を作ったり、絵を描いたり、音楽を作ったりしたというニュースをよく耳にしますが、みなさんはこれをどう思われますか。

私はＡＩが作った俳句にふれる機会がありました。私は理系を専攻しましたが、実は私の家は文系です。父親が俳人で、俳人たちが出入りする家に育ったものですから、文学には興味があります。ＡＩが作った俳句、結構うまいんですよ。驚きました。でもはたしてそれを芸術と言ってよいのか。これは大きな問題です。

句作においては、お師匠さんから指導されて影響を受けることはあっても、剽窃や物真似といった下品なことは絶対にやってはいけない。これは鉄則です。先人の作品から学ぶことと、表面的な模倣とは全然違う。ところが、今のＡＩの俳句の作り方は、もう剽窃の塊です。過去の名作のデータを継ぎはぎして、もっともらしいものを作り上げる。俳句だけじゃない、音楽でも絵画でもそうです。バッハ風とか、レンブラント風の剽窃作品など、いったんプログラムが出来れば、もういくらでも作れる。一晩で何千、何万と。そういうものを大衆芸術としてばらまき、売りさばいていいのでしょうか。それは「芸術の死」ではないのでしょうか。

先ほど言いましたように、芸術家というのは、一人一人、自分の主観的な世界に生きている。自分自身の価値、自分独自の新しい意味を作って、必死でそれを身体表現するわけです。そういう芸術家の人生体験の氷山の一角として、斬新な作品が出来上がる。だからこそ、人々の心を打つのです。

ところが、他人が作った過去のデータを単に論理処理して、ちょっと格好をつけてエセ作品をでっちあげる。マーケティングしてみるとかなり売れそうだ、うん、これで行こう、という調子で、エセ芸術が流行っていったら、どうなるでしょう。本当に人間の心を打つ作品など、早晩なくなってしまうのではないでしょうか。芸術家でもないコンピュータ技術屋が、面白いからと調子に乗って、「ＡＩが作った芸術作品」などの宣伝文句で発表するのは、困ったことだと私は思っています。

ただ、こういうＡＩ研究には、いい面もあります。

これまで芸術作品を作るには長い修練を要しました。句作でも、作曲でも、絵を描くのでも、いい作品を作るには飛び切りのテクニックが必要です。でも、テクニックの一部をＡＩに手伝ってもらうことができるのではないか。プロの活動とは別に、アマチュアがＡＩを活用して自分の作品を動画サイトなどに投稿したりすることはできる。そういうムーブメントがだんだん広がっていくのではないかと思います。そして別のアマチュアがそれを見て、刺激を受けて自分もまたやってみる。あるいは何人か共同で作品を作る。そういうことは、新しい二十一世紀の芸術活動につながるかもしれません。

少し前までは、「天才」という存在がいました。モーツァルトとかベートーベンとか。彼らは英語で言えば gifted persons で、神から gift（贈り物）をもらった特別な人たちです。天才が、深い喜びとか、苦悩とかを表現するわけです。そういう時代が近代以降しばらく続きました。しかし、二十世紀あたりからメディア産業というものが現れて、利潤を得るために才能を囲い込んでいった。あるいは、疑似天才を作り上げて宣伝した。二十一世紀はどうでしょうか。ＡＩの登場によって、普通の市民も自分の表現ができるようになる。ＡＩの助けを借りて、みなで何かを作り、みなで喜びや悲しみを分かち合う。そういう可能性が、私は近未来のＡＩ時代にはあると思います。

結論をまとめておきましょう。ＡＩロボットは生物と違って本来の自律性を持たないので、自由意思もないし責任も取れず、感情もありません。だから率直に言って私は、いわゆる Artificial Mind の開発、機械で人間の心を作るということは非常に難しいと確信します。でも外見上、感情のある、心を持ったふりをするＡＩロボットはできる。これは面白く、またとても危険なことでもあります。ただし、心を持つ機械の研究を通じて、人間の心に関する様々な科学的知見が得られることはあるでしょう。さらに将来、その知見が工学的に活用されていくかもしれません。そのようなＡＩと上手に付き合っていくことが、われわれの課題となるのです。

【参考文献】


ウィーナー、ノーバート（池原止戈夫ほか訳）『サイバネティックス——動物と機械における制御と通信（第二版）』岩波文庫、二〇一一（一九五七）年。

カーツワイル、レイ（井上健監訳）『ポスト・ヒューマン誕生——コンピュータが人類の知性を超えるとき』ＮＨＫ出版、二〇〇七年。

河島茂生編著『ＡＩ時代の「自律性」——未来の礎となる概念を再構築する』勁草書房、二〇一九年。

西垣通『デジタル・ナルシス——情報科学パイオニアたちの欲望』岩波現代文庫、二〇〇八（一九九一）年。

西垣通『ビッグデータと人工知能——可能性と罠を見極める』中公新書、二〇一六年。

西垣通『ＡＩ原論——神の支配と人間の自由』講談社選書メチエ、二〇一八年。

西垣通・河島茂生『ＡＩ倫理——人工知能は「責任」をとれるのか』中公新書ラクレ、二〇一九年。

西垣通・河島茂生・西川アサキ・大井奈美編『基礎情報学のヴァイアビリティ——ネオ・サイバネティクスによる開放系と閉鎖系の架橋』東京大学出版会、二〇一四年。

ハラリ、ユヴァル・ノア（柴田裕之訳）『ホモ・デウス——テクノロジーとサピエンスの未来（上・下）』河出書房新社、二〇一八年。

講演2

深層学習と運動感覚学習
——認知発達ロボティクスの視点から

尾形哲也

私はもともと機械工学科でロボットハードウェアを作っていました。そして卒業論文の研究テーマが「ロボットが心を持てるか」でした。一九九三年のことです。

早稲田大学はロボット研究で非常に長い歴史があります。私の亡くなった恩師である加藤一郎先生は、WABOT（WAseda roBOT）というシリーズを作られた先生です。加藤先生は、ロボット自身に自己保存の原則、つまり外部と自分の内部を区別した上で自分を維持するという評価関数を与えれば、「心」という現象をロボットで考えることができるのではないか、という仮説を立てられたのです。

私は学部生のときに、今、ディープラーニングとみなさんが呼んでいるニューラルネットワークに非常に興味を持っていました。そこで加藤先生のアイデアに乗る形で、ニューラルネットワークを自律ロボットに入れて、人間に感情移入をさせるような行動をどのように生成することが可能かを研究したのです。

その後、理化学研究所脳科学総合研究センターを経て、京都大学大学院情報学研究科に八年半いました。そして二〇一二年から早稲田大学に戻っています。このすべての期間で一貫して、ロボットとニューラルネットワークの研究をしています。具体的にはロボット学会と人工知能学会をまたいだ活動をしてきました。

1　ディープラーニングの趨勢

このニューラルネットワークは、現在はディープラーニングと呼ばれるようになりました。京都の百万遍に、私が現在技術顧問をしているエクサウィザーズというＡＩベンチャーの会社があります。後述するようにいくつものロボットでの協働を行っています。そのほかにも多くのスタートアップで、ディープラーニングを用いた画像処理、音響処理、自然言語のいろいろなアプリケーションが開発され、すでにみなさんが日々普通に利用されている段階にあります。現実に大きな市場となっているのです。

ディープラーニングと言われているものは、ニューラルネットワークという技術が原型で、後述するように、もとは脳のシンプルなモデル化です。近年、そのサイズが非常に大きくなってディープラーニングと呼ばれるようになったのです。

日本で特に明確なインパクトを与えたのが二〇一六年のディープマインド社による囲碁ソフトAlphaGoであっただろうと思います。世界戦で何度も優勝経験のあるトップ棋士、李世ドル《イ・セドル》氏が敗れたということがありました。その後、AlphaZeroという、このAlphaGoがまったくかなわないというソフトが出てきています。これらのソフトの示す手の意味は、人間のプロも理解が不可能です。しかもAlphaZeroは、囲碁専門のソフトではありません。同じソフトを、将棋でもチェスでも様々なボードゲームにも利用することができ、そのすべてで人間が理解できないレベルの強さに達するのです。

ロボット応用という点ではまだ始まったばかりです。ロボットのトップカンファレンスで、ディープラーニングがキーワードになったのは二〇一七年です。しかしすでに様々な研究がなされています。

例えば、ＩＴ・エレクトロニクス関連の国際展示会CEATECで二〇一八年に、Preferred Networksというスタートアップが、ロボットが部屋を片づけるというデモを見せました。AlphaGoが見せた、世界のトッププレイヤーに勝利するというのとはだいぶインパクトが違うように思われるかもしれませんが、ロボットが部屋を片づけるというのはすごいことなのです。例えば、物体を認識するというタスク自体は、ディープラーニングの以前からかなり実現していました。ところがロボットに様々な物体を「つかむ」ということをやらせようとすると、話が極端に難しくなります。その物体は滑るかもしれない、予想とまったく異なるところに重心があるかもしれない、ハンカチや靴下はつかむと形が変わってしまう。このような複雑なタスクは今までのロボットでは非常に困難なものでした。それがディープラーニングと言われる技術を導入することによって、物をつかんで一定の場所に片づけるというデモを、見ていて違和感のないスピードで、それなりのスピードで動かせるようになったのです。

ここで利用されたロボットはトヨタ製でHSRという名前ですが、このロボット自体は二〇〇七年に開発されたものです。つまりロボットのハードウェアとしては、ASIMOやBoston Dynamicsの一連のロボットなど、かなり前から相当に進んだところまで来ています。ところが、すぐにみなさんの前には現れない。今のロボットは、われわれのようにものが見られない、声が聞こえない、対話ができない、ものを操れないのです。このような「普通にできそうなこと」が実は全然できなかったのです。

ところが、ディープラーニングにより、これらのことがあるレベルであれば解決できるかもしれないという可能性が見出せている、これが現在の状況です。

ディープラーニングという技術は、認識するタスク、例えば物体認識、音声認識などの問題、また囲碁などのゲームなどで人間の能力を超える成果が出ています。これに加えて映像や音楽などの生成能力もあります。この生成が本当に新しいものを「創造」しているのかについてはいろいろな議論がありますが、そういう能力も持っています。

例えば、ディープラーニングのモデルにGAN（Generative Adversarial Network）というものがあります。このモデルを利用すると、ある写真を著名な絵画のテクスチャーで新しく描き直してくれたりします。また、（a）めがねを掛けている男性、（b）めがねを掛けていない男性、（c）めがねを掛けていない女性、の画像を学習させておくと、（a）－（b）＋（c）といった演算をモデルの中で指定することができ、（d）めがねを掛けている女性の画像を次々と生成する、ということができます。過去に学習したデータから現在にはない画像、映像、音声などを生成できる。大変便利だとも言えますが、deepfake など大きな社会問題も起こしています。

このディープラーニングが現在、ＡＩ（人工知能）と呼ばれてしまっています。しかしディープラーニングは、ＡＩという大きなカテゴリーの中の一つの技術に過ぎません。また伝統的なＡＩとは相当に仕組みが異なります。

いわゆる伝統的なＡＩでは、人間が自分の思考過程をコンピュータで再現する技術でした。法律、医療などの知的思考をコンピュータの中で〝演繹的〟にルール化する研究だったのです。ですから実行プロセスは作成されたルール（プログラム）にすべて記述されており、人間が理解可能なシステムなのです。

ところが、パターン認識という分野で別のアプローチをとる方法が生まれました。事例から〝帰納的〟に学習させていこう、という機械学習の考えです。もともと人間の思考をすべてルール化するのは不可能で、どうしても曖昧な部分が残ってしまう。そこでその曖昧な部分を確率の値、パラメータとして表現し、実際に再現したい事象（学習データ）に合うように確率パラメータを学習させるのです。

これがディープラーニングになるとさらに極端になります。つまり人間が設定する確率モデルすら与えない。大規模なネットワークのみを与え、高次元で大規模なデータを直接学習させる。

これが非常に強力な手法だということが分かってきたのです。結果として、非常に高次元のデータ、例えば生画像や音声などを直接学習できるようになります。学習の結果として、学習させていないデータでも扱えるようになる、というシステムです。汎化と呼ばれる能力です。簡単なたとえですが、イヌ、ネコ、ゾウの画像を認識させる場合、事前にイヌ、ネコ、ゾウの画像を準備しておいて学習させる。すると、見せたことがないイヌ、ネコ、ゾウの写真を非常に精度よく認識できる。例えば、ちょっとしか写っていないとか、全体がアップで写っているなど、認識が非常に難しいものもできる。この課題が数十万枚の画像を千種類のものに分類する、ということになったときに、その性能が人間を超えるというわけです。ただディープラーニングの場合、先に述べたように「人間が設定するモデルを与えない」ので、学習した結果として中で何が起こっているのかが分かりづらい。これが大きな問題になっています。後ほどもう一回、議論をさせていただこうと思います。

2 ディープラーニング入門

ここで簡単にディープラーニング（ニューラルネットワーク）の説明をします。このモデルの本当に最初のアイデアは人間の脳です。

脳は千億個とも言われる大量のニューロンという神経細胞がネットワークを作っています。それぞれ軸索という線を通じてつながっており、その中を電気パルスが伝っています。電気を受け取った側のニューロンの膜電位は上がり、それが許容量（閾値）を超えると、他のニューロンにつながる軸索に電気パルスを放出する、という仕組みです。軸索から細胞膜への接続部（シナプス）には隙間が開いていて、神経伝達物質を介して電荷を伝えます。この放出量がシナプスごとに異なり、膜電位の上がり方が変わります。このニューロンのモデル化は非常に難しい。現在でも様々に研究が進んでいます。非常に有名なものにHodgkin-Huxleyモデルがありますが、その挙動はすぐにカオスが現れるなど、工学的に応用するのはなかなか困難です。

しかし、このHodgkin-Huxleyモデルよりはるか昔、一九四三年に大胆なモデルが提案されています。神経生理学者のマカロックさん（Warren McCulloch）と論理学者のピッツさん（Walter Pitts）が共同で作られたモデルです。戦時中なので実際の計算機で動いたわけではないのですが、図1のような概念モデルを作られました。そしてこの概念モデルが今のディープラーニングでも利用されています。大昔のモデルですから、もっと改良できるはず、と言う研究者はたくさんいます。非常に複雑な現象、多くの情報処理をしていそうなメカニズムを、これほど単純にしてよいのか。しかし現実にはうまく動いている。他のモデルも多く提案されてはいますが、このモデルより飛び抜けた性能を出すには至っていないのです。

このモデルの仕組みを簡単に説明します。軸索から電気パルスが送られてきます。その総量が

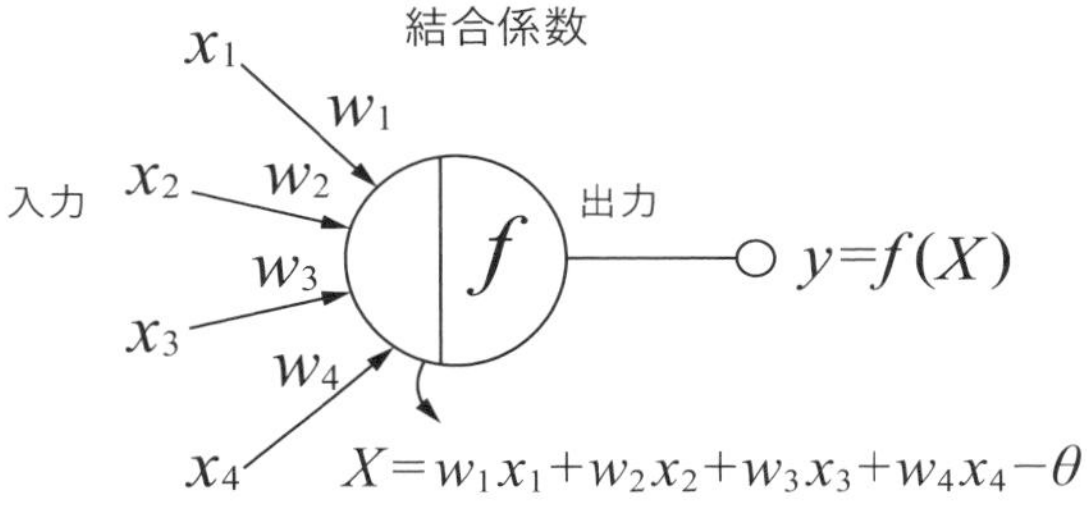

図１　マカロックとピッツのニューロンモデル

xです。その総量に応じて、神経伝達物質を介して接続先のニューロンの電荷を上げます。この伝達物質の放出量を決めるのがwです。具体的には様々なニューロンからくるxにwを掛けて総和をとる。これが内部の電荷量です。これがある閾値を超えたら、出力が決まるという非常に単純な式です。もともとニューロンは複数のニューロンから入力を受ける多次元の情報（ベクトル）を得ています。ところが総和をとってしまうので、それが一つの値（スカラー）になってしまう。この意味では、情報を単純化しすぎでは、という意見もありますが、現状ではこのような仕組みになっているわけです。

　このニューロンのネットワーク（ニューラルネットワーク）が学習をするわけですが、それはwの調整によって行われます。この学習の仕組みというのを、私がよく使うたとえで非常に簡単に説明します。ニューロンが人だとします。今から例えばある馬券を購入しようとしています。買うか買わないか、1か-1（0に設定する場合もあります）、という判断をしなくてはいけない。このときに他のニューロンの意見（入力）を受けるわけです。ある人（ニューロン）は買え（1）と言ってくる、別の人は買うな（-1）と言ってくる。このときにそれぞれの意見に対する信頼率がwになります。この人の意見は従うべきという場合はwが大きい。この人の意見は当たったり外れたり曖昧という場合はwが0に近くなります（無視される）。この人の意見はいつも逆だなという場合はwがマイナスになるわけです。

学習は自分の出力の閾値θと信頼度wを調整することで行います。最後のニューロンが買う、買わない（1、-1）の決断をしたときにそれが正解なら何もしません。間違えたとき、つまり買わなくていいのに買ってしまったとき、逆に買うべきだったのに買わなかったとき（「誤差」が出たとき）に学習をします。まず自分の場合、買って間違った場合はθを大きくして次は買わないようにする。逆に買っておけばよかった場合はθを小さくする。メインはwの調整です。つまり自分の出力を決める前の他のニューロンの意見（出力x）を確認します。買えばよかったのに買わなかった、というときに、買いなさい、と言ってくれた人たち（ニューロン）の信頼率wを上げます。逆のことを言った人の信頼率は下げる。逆に買わなければよかったというときも、入力側のニューロンの出力に合わせてwを調整します。

そしてこのネットワークが大きい場合は、この入力をくれたニューロンのさらに前にもニューロンがいる場合がある。信頼度wを調整されてしまったニューロンも実はその前のニューロンの意見を聞いている。そして信頼度を修正された責任をその前のニューロンに転嫁するのです。つまりその前のニューロンの信頼度を調整します。そしてさらに、その前のニューロンがあると同じ〝責任転嫁〟を繰り返していきます。このように間違えた（誤差）責任を前の人に（逆に）伝播（転嫁）させていくことで、非常にたくさんの信頼度wが調整されていくことになります。これを「誤差逆伝播学習法」と呼びます。

直感的にはこれだけのことです。もちろんこのたくさんあるwはどう責任転嫁していけば、最終的に「最適」になるのか、という視点から機械学習という分野ができて複雑な数式がたくさんあるわけですが、原理としては非常に大きな組織（ニューラルネット）が現場（出力）で失敗（誤差）をした場合に、適切に全体に責任転嫁による信頼率の調整（誤差逆伝播によるwの調整）をする、それがニューラルネット学習（深層学習）の仕組みです。

しかし、すでに想像されているかと思いますが、組織（ネットワーク）が大きくなったとき、つまり責任を後ろに転嫁する回数（階層）が多くなると、その責任所在が不明瞭になってきます。どんなことが起こるかというと、gradient vanishment（誤差がうまく伝わらない）と呼ばれる現象が起こる。具体的には少数のニューロンに責任（誤差）が集中するのです。そのニューロンは、多くのパターンで重要な出力を与えている場合が多く、そこに学習の信頼が集中してしまって、wの絶対値が非常に大きくなり正しい信頼度を得ることが不可能になります。これが、あまりに大きいニューラルネットワークは学習ができないとされていた大きな理由です。一九九〇年代の話になります。

ところがその後、この問題を解決するアイデアが次々と提案されてきました。よく近年になってＡＩが発展した説明として、学習データが増えた、計算が速くなった、ということが言われます。確かにそれは事実ですが、それ以外にも様々なアルゴリズムの地道な研究があったことも指摘しておきたいところです。

例えば、一定量の学習データ（バッチと言います）ごとに各層の出力の平均やバラツキを整えてあげることで、特定のニューロンに偏らないようにするbatch normalizationの手法は相当に有効だと知られています。この適度に全体の仕事量（出力）のバランスをとる、という感覚は人間の組織でも有効そうです。また、分かりやすい例ではdrop outという手法もあります。これは各ニューロンの出力を時々0にする。つまり休ませるわけです。扱わなければいけないデータ（仕事）は一緒だけれど、半分くらいのニューロンが休まなければいけないので、特定のニューロン（キーパーソン）ができにくくなる。代わりに、似たような機能を持っていた別のニューロン（群）が別のやり方で対処するようになっていきます。つまりちょっとした「余力」のようなものをネットワークが獲得します。学習後のネットワークの仕組みがより複雑になるという欠点はありますが、面白い方法です。他にも個人の能力を上げる、つまり、ニューロンの出力値の上限を外して、本当に必要な出力が得られるよう、関数を変える（ReLU関数と言います）など、多様な技術が開発されました。もちろん万能な手法はなく、適材適所に利用することが大事ですが、このような工夫によって非常に大規模なニューラルネットワークが学習できるようになったのです。

3 ロボットの応用へ

ここから私のロボットの説明をしていきます。私自身は、ニューラルネットとロボットについて、卒業論文を書いた一九九三年から一貫して研究しているのですが、主に基礎研究でした。しかし新しいニューラルネットワーク、つまりディープラーニングは前述したように画像や音声、自然言語など多くの分野で応用されています。ただ、ロボットへの応用は、これらの発展に比べるとだいぶ遅かったと言えます。私は、二〇一七年から産業技術総合研究所の人工知能研究センターの特定フェローという立場になり、それまでやってきた基礎研究だけでなく、応用研究に挑戦しました。ロボットに従来難しかった仕事をさせようということです。このときに選んだ対象が柔らかい物体のハンドリングです（図2）。

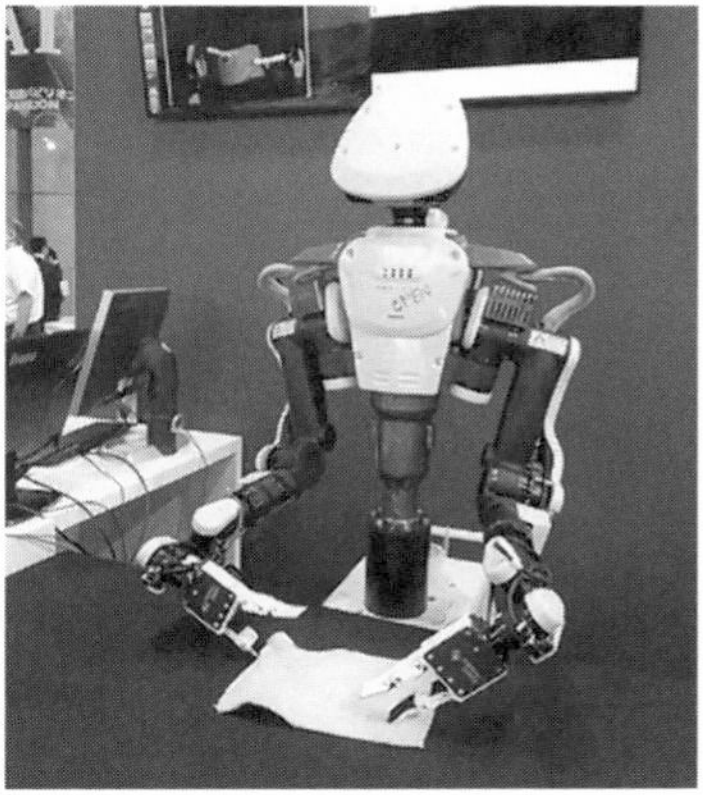

図2　産業技術総合研究所のロボットによるタオル折り畳みのデモ

なぜ今までのロボットには柔らかいものを扱うのが難しかったのか。それはロボットが従来どのように物体を扱ってきたか、という手法によります。簡単に解説します。

最初に、つかむ必要がある物体の「モデル」を設計者が与えます。三次元の「CADモデル」と呼ばれるものであるとより良いです。さらにこの物体表面の中でロボットハンドが把持可能な領域を、やはり設計者が事前に与えておきます。そしてロボット搭載のカメラから撮った映像と、この三次元のモデルとをフィッティングさせ、物体のカメラからの相対位置、方向を判断します。その後、先ほどモデルに与えた物体把持領域に届くよう、正確なロボットアームのモデルを使って、各関節の動かし方を計算します（途中で腕が物体にぶつからないように計算することも重要です）。以上の計算には非常に時間がかかるのです。

産業用ロボットなどが非常に早く動けるのは、置く物の種類、場所や置き方が同じになるように工場のほうを設計しているからです。もしも不特定に物を置いたりすると対処できません。しかもタオルのような柔らかい物体になると形が変わりますので、さらに処理が複雑になります。そして実際は、つかんだ後の操作のほうがずっと大事です。そのときは、物質の変形、摩擦、時には衝撃など、シミュレータでの再現が困難な物理現象も考慮しなければならなくなります。

ところがディープラーニングの場合は、高次元のデータ、ここでは物体の画像を直接扱える。具体的には、画像のＲＧＢのピクセルをニューロンに対応させて、そこから直接、自分の腕の動きを学習させてしまうことができるのです。学習のさせ方はいろいろあります。特にロボットで頻繁に利用されているのは、実行結果の良し悪しで学習を行う「強化学習」という考え方ですが、ここでは私たちが主に用いている「予測学習」の考え方を紹介します。

前述した図1にあるように、通常、深層学習は入力と出力の対応（マップ）を学習するものです。ロボットで言えば、〝感覚〟から〝運動〟にマップする、というのが最も自然な使い方になります。しかし実際には、自らの〝運動〟から新しい〝感覚〟が生まれる、という側面も非常に重要なのです。感覚と運動を分けてしまってはいけないのです。

ここでちょっと異なったモデル、具体的には一部の出力から一部の入力に再帰的につながるような構造を持ったモデル（再帰型神経回路と呼ばれます）を考えます。このモデルでは入力と出力の関係が、再帰的にグルグル回るようになります。つまり時系列を扱うことができるようになるのです。このモデルを利用して、ロボットに〝現在の感覚と運動の情報〟から〝少し未来の感覚と運動〟を予測できるように学習してもらうのです。これは小脳の機能として知られる順逆モデルを模擬したものです。

例えば、タオルを畳むというタスクにおいて、深層学習の一部を再帰結合型モデルとし、自分の運動だけでなく感覚も予測できるように学習します。すると現在のロボットのカメラ映像から、少し未来の視野画像を〝頭の中で〟予測（生成）できるようになります。つまり、動いている最中に、これからこういうふうに見え方が変化するのではないかということを、先読みしながら動くのです。本来は動きだけを予測すればいいのに、あえて未来の視野画像まで学習させることは、一見非効率に見えますが、このような「世界のイメージ」を持つことによって、全体の学習が楽になるのです。この「世界のイメージ」の中では、視野画像だけではなくて、自分（ロボット）の身体の動かし方、身体についての学習も同時に行えることになります。このように一連の認識から動作生成までをディープラーニングのみでできるようになります。

例えばこれまでは、タオルを少し歪ませて置いたりするだけで、動作を始めるために認識や軌道計画などをすべてし直さなければいけないので、非常に時間がかかっていました。数秒、下手をすると数十秒止まった状態からゆっくりと動き出していたわけです。しかし、われわれのロボットはタオルを見た途端に、極めて自然な反応速度で動き出せるのです。適当にタオルを置いても、それをつかんで折り畳む、という動作を、プログラムを再起動させることなく繰り返し行うことができます。

学習には数種類のタオルを用いたのですが、学習後は未学習のタオルでも畳めるようになります。この初めて見るタオルを見たとき、連想される未来の映像には、学習させたタオルの中で一番近いものが浮かんでいます。これを見て、学生が面白半分に本を置きました。予測映像の中ではタオルに変わってしまっています。ロボットはタオルだと考えていて畳む動作を行いますが、問題なく畳めるわけです。

このロボットに私の手を見せるとタオルになります。小さいタオルが出てきて、手を動かすとその位置と形が変わる。タオルをつかんで畳むということが前提で目の前のものを見ているのです。非常に強い〝トップダウン〟のイメージ（世界のモデル）が前提にあって、その中で自分の行動に関係する〝ボトムアップ〟の感覚の変化だけが認知される、という仕組みになっています。

茂木健一郎さんの言う「アハ体験」に近い現象だと思っています。つまり人間でも、目の前の写真の中で大きな変化があっても、直接自分と関係ないとなかなか気づけない。もちろん、これが人間のモデルになっているかは議論があるわけですが、ロボットにおいても、このような強いトップダウンの予測がある、ということが動作をうまく生成するのに非常に重要だということです。

4 企業との共同研究開発へ

このタオル畳みのデモを、CeBIT 2017 や CEATEC 2017 などの展示会で直接ご覧いただく、もしくは複数の講演会で紹介していたところ、ベッコフオートメーション社よりお話をいただき、私が技術顧問をしていたエクサウィザーズを紹介し、デンソーウェーブが加わって……という流れで、三社合同で「マルチモーダルＡＩロボット」を開発しました（図3）。国際ロボット展2017 や Science Robotics のオープニングシンポジウムなど複数の場所で実物のデモンストレーションを行いました。

このロボットは、カメラと二つのアームだけではなくて、力覚センサーと二つの五指ハンドを搭載しています。われわれが最初に作ったタオルを畳むデモでは、力覚を利用していません。実

図3　タオル畳み、サラダ盛り付けを行うエクサウィザーズ、デンソーウェーブ、ベッコフオートメーションのマルチモーダルAIロボット

際、力覚がなくても畳めるのですが、このロボットの場合、力覚を学習することで、タオル畳みの精度が上がっています。予測した未来画像を作るのに、二十万個以上のニューロンを使っており、非常にきれいな画像が生成できます。また人間が途中で折り畳むのを邪魔したりしても、そのための専用のプログラムをしていないにもかかわらず、ディープラーニングのモデルだけで、ある程度は対応ができるのです。

原理的には、同じハードウェアそしてほぼ同じソフトウェアにもかかわらず、学習データを変えればタスクを変えることができます。例えば、サラダの盛り付けなどもやりました。サラダを把持するときは、自身のハンドで手元がカメラから見えなくなってしまい、サラダを持てているかどうか分からなくなります。このとき、力覚を学習しているというのが効いて、安定して大体同じ量をつかめるわけです。このロボットでは、人間の操縦データを集めてくるのですが、そのときにＶＲの技術を利用しています。ＶＲ空間で操作者がロボットになってデータを収集する。私たちは「人間のスキルをコピーする（cloning）」という表現をしています。

このように、人間が物体を認識し、つかみ、さらに操作する、という能力を、感覚と運動の統合した情報（＝経験）として与えることによって、先の再帰結合を持ったディープラーニングで学習させていこう、ということなのです。つかむ（picking）だけ、という研究がまだ多いのですが、これだけでは不十分だと言えます。

次に事例を二つご紹介します。一つは日立製作所と私たちの研究室が共同で開発した、移動型マニピュレータによるドア開け&通り抜けの全身協調動作です。もう一つはこのマルチモーダルＡＩが発展したエクサウィザーズとデンソーウェーブのロボットアームによる粉体計量です。

この二つのデモは、いずれも二〇一八年九月に品川で開かれたGTC（GPU Technology Conference）Japanで公に初披露しました。GTCというのは、ディープラーニングの核になる計算システムの一つであるGPUを販売しているNVIDIAが主催する国際会議です。シリコンバレー、ヨーロッパ、中国など様々なところで開催されており、それが日本で開かれたわけです。GTC Japanには人工知能の研究者が五千人以上集まりました。

まず日立製作所との共同研究です。基本方針は人間のスキルをコピーするわけですが、このロボットは、ドアに接近し、開けて、通り抜ける、という比較的長い一連の全身動作をします。これをすべて学習だけで実現したのです（図4）。

具体的には、ドアに近づくスキルを覚えるモデル、ドアを開けるスキルを覚えるモデル、そして通り抜けるスキルを覚えるモデル、という複数種類のディープラーニングモデルが協働して全

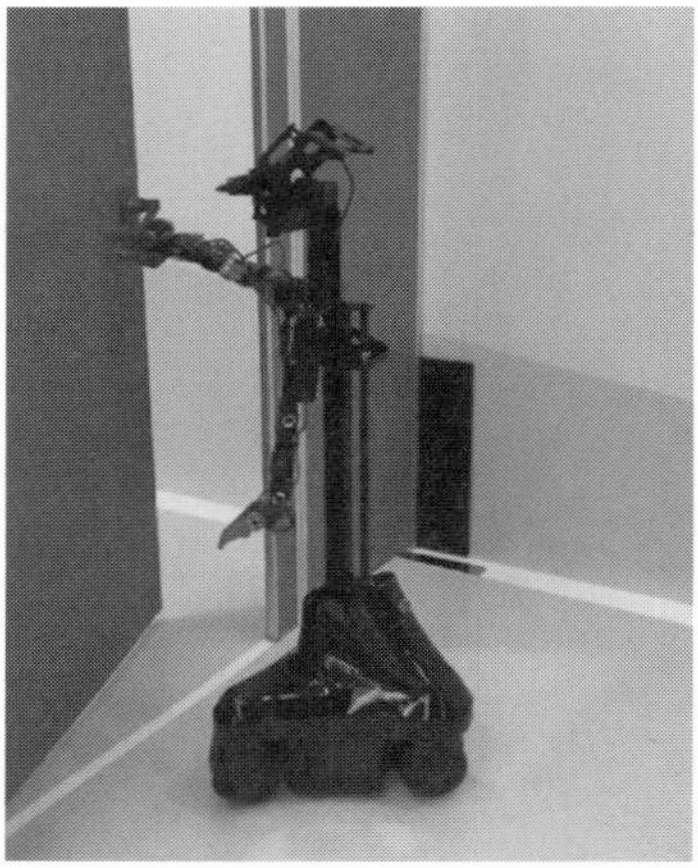

図4　GTC Japan 2018における日立製作所のロボットによるドア接近、ドア開け、通り抜けの組み合わせのデモ

身動作を作る仕組みになっています。各モデル（モジュール）は別々に学習しているのですが、並列に駆動させることで実世界でも違和感ない実行速度で動くことができます。別々のモジュールが駆動して、近づきながら手が動き始める、ということが起こってきます。これは学習データにはない動きなのです。各モジュールは、予測した画像と実際の画像との誤差（確信具合）に基づいて自律的に駆動するのです。

それまでの研究でも、ドアにマーカーなどを付与することで、認識時間を短縮することができていましたが、これはそのマーカーも必要ありません。ドアに近づく際も、学習に基づいた汎化により、かなり自由に置いても自律的にドアに接近できます。ただ常に同じ位置に立つことはできませんから、ドアノブの位置の変化に対応しなければいけない。これはドアノブをつかむスキルを学習したモデルが、やはり学習に基づいた汎化で安定して位置の変化に対応することができます。照明条件や周囲の環境が異なる四回の日立の社内イベントで、二百回以上のドア開け通過デモを行い、九〇%の成功率を実現しています。失敗した事例もモーターが加熱してしまったなどハードウェアに起因するものでした。タオルの例もそうですが、つかむ（picking）だけではなく、その後のマニピュレーションが入ることが非常に難しく、かつ重要なのです。

前述したマルチモーダルＡＩの事例と同じく、人間による大量のプログラムをしなくてもよいのです。例えば、新しく丸ノブに対応したいとなれば、データの収集と学習、一日程度で済みます。デモ動画を拝見して、「押すだけでは簡単では？」と日立の方にコメントしたところ、すぐに内開きドアに対応してくれました。

従来のロボティクスであれば、ドアや壁などの環境、ロボット本体のモデル、画像処理システム、台車やアームの制御システム、外部ノイズの処理システム……無数のシステムをすべて人間がプログラムし、最後に実機で繰り返し調整する必要があったわけです。ところが、この手法は実際の環境で得られる、感覚と動作データから直接学習するので、極めて短期間で開発できます。もちろん、すべてを深層学習でやる必要はありません。これはこのようなアプローチでもこのくらいまではいけます、というデモンストレーションの例です。

次の事例は、エクサウィザーズとデンソーウェーブの粉体計量です。これは先のマルチモーダルＡＩロボットの成果を受けて開発されたもので、より実用性を意識したロボットです。われわれの技術を二社が独自に活用したものになります（図5）。私は「技術の手離れの良さ」を非常に重視しています。大学の研究は「その大学だけがやれる」となってしまいがちですが、それではいつまでも実用化には結びつきません。独立して他の機関が再現し、さらに発展させられること

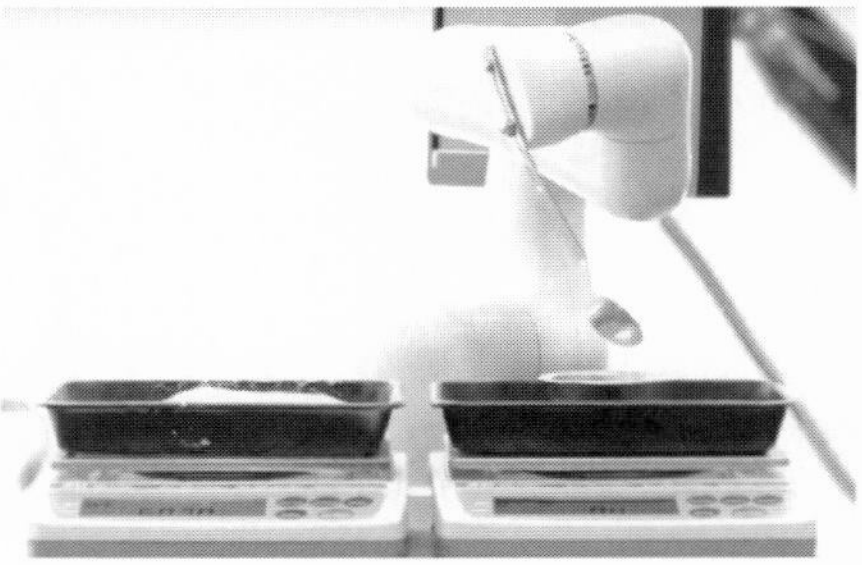

図5　エクサウィザーズ、デンソーウェーブのロボットによる粉体計量

が重要なのです。

私が最初に聞いたときは、粉体であれば漏斗で簡単に測れるのではないかと思いました。しかし、現場ではまったく違うということを教えていただきました。例えば製薬における実験などでは、非常に高価な粉体を、正確かつ素早く計る必要があります。その粉体の扱いは非常に繊細です。大量にばらまくことはできません。さらに薬品開発で利用される粉体には、毒性があったり放射線を出したりしている場合まであるのです。そのような粉体を、今は薬剤師さんが危険を冒して慎重にやられている。これを自動化する試みです。

粉体の状態は湿気などでもまったく異なりますし、測っている最中でも変わっていきます。一度すくったら完璧ということはあり得ません。必ず複数回のやり直し（エラーリカバリー）が必要になります。このような繊細かつ多様な動作を、人間によるプログラミングではなく、ディープラーニングで実現しています。

ここで重要な考え方は「一〇〇%にはならない」ということです。ディープラーニングは学習モデルです。だから画像認識などで一〇〇%になることはあり得ません。「一〇〇%じゃないからディープラーニングは使えない」ということを言われることがあるのですが、一度で一〇〇%を望まれる問題はそこまで多くはない。一〇〇%は人間でもあり得ないのです。むしろ、「間違ったときに自らの動作を修正する」ということを繰り返すことによってタスクを遂行していく考え方が実世界では重要になるはずです。

最後の事例は液体計量です。これはエクサウィザーズと大成建設の仕事です（図6）。粘度が異なる様々な液体を計量できます。これも漏斗で入れればいい、と最初は思うわけですが、実際はそうはいかない。非常に高価な液体は、市販された状態、つまり瓶から丁寧に使いたい、ということが現場のニーズとしてあるのです。

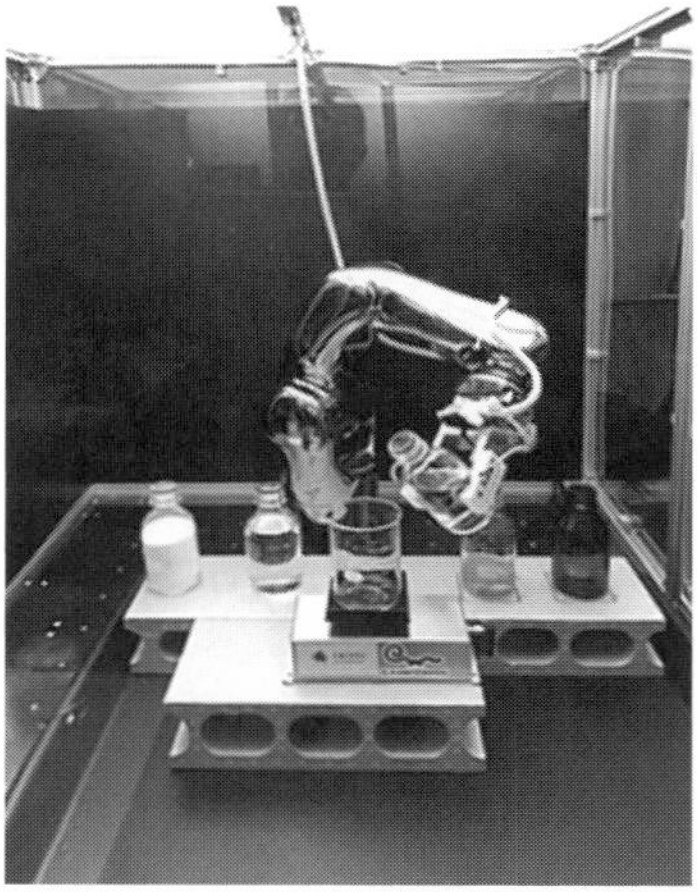

図6　エクサウィザーズ、大成建設のロボットによる液体計量

異なる量の液体が入ったコップや瓶から指定された量を注ぐ、という動作はロボットにとって意外に難しく、実は過去の研究が複数あります。しかしあくまで「研究のためのタスク」という位置づけでした。前述の粉体計量もそうですが、実際の現場にそのようなニーズがある、ということは企業との協働がなければ、われわれのような大学研究者は気づくことができませんでした。企業側がわれわれの技術シーズを正しく理解された上で、適用ニーズを示してくれたのです。産学連携の面白いと

ころだと思います。

これも人間の動作からスキルを学習していくわけですが、さらに自律学習を加えることによって、最終的には動作を学習した人間の十倍程度まで精度を向上させることができました。ロボットは最初に瓶を振ります。単にカメラで見るとか、重さを測るだけではなく、動作を加えることで状態（この場合は入っている量や粘性）を確認するためで、「能動的な知覚」と呼ばれる行為です。この振る動作自体は、通常のロボット制御で行っています。その後、注ぐ動作から人間の動作の模倣学習の結果を利用しています。ここでは動作だけでなく、画像、そして力覚が学習されているわけです。

このシステムは、未学習の対象（液体に限りません）を扱える、というのも重要な点です。学習データには二種類の粘性の異なる液体について、量や注ぐ容器（ビーカー、皿）を変えた動作が含まれています。しかし同じモデルで、まったく初見の対象、例えば、お米、ホットケーキミックス、消臭ビーズなどを非常に高い精度で計ることが可能になります。これらの例は、大成建設の中でモデルの適用範囲を知ろうといろいろ試験された中で分かってきたことです。このように学習データを超えて、学習させていない領域に適応できる。これまでの画像認識、音声認識でも確認されたディープラーニングの特性ですが、ロボットの場合は、動作、力覚、さらに触覚などでも使えるのです。今後、このような特性を利用したＡＩ（ディープラーニング）＋ロボットがたくさん出てくるだろうと予測できます。

5 ＡＩに関する議論――人間と同等になる？

このような複数のロボットのデモンストレーションを実際に展示し、また講演などもしていく中で、ＡＩを導入したロボットに関するいろいろな議論が出てきます。

二〇一八年、早稲田祭という早稲田大学の文化祭で企画された「わせだ知恵袋」というイベントに参加しました。小学生から大学生まで、幅広い質問に答えていくというものです。小学生が、「ロボットはどうやって作るのですか？」といった質問をしてくれる中で、大学生から来た一番多かった質問の一つが、「ＡＩは恋ができますか？」「できればＡＩと恋がしたいです」というものでした。「できれば人間と恋をしてください」というのが最初の回答になるわけですが、比較的多くの大学生（だけではないと思います）がＡＩをそのような対象として見ている。ＳＦではよくあります。ただ私自身は、ディープラーニングという技術をやっている限りの感覚では、ＡＩ自身が卓越した自律性を持ったり恋をしたりする、ということは当分ないと考えています。

もちろん、ＡＩが人間に恋をすることはなくても、人間がＡＩやロボットに恋をすることはあり得ます。例えば、大阪大学の石黒浩先生のアンドロイドは、十二分に人間の感情移入を誘発することが研究として示されています。ここまですごいロボットでなくても、十分にキャラクターデザインされた〝二次元の絵〟に恋をする人はたくさんいるのです。こういうＡＩやロボットは

（倫理上の問題を別にすれば）今後さらに開発されていくと思います。ＡＩが恋をするという話と、人間が感情移入するという話は、別に考えないといけない。これはただの機械です、ただの絵です、と説明をしても関係ないのです。この意味で人間と機械の関係性の研究が重要です。

　シンギュラリティという言葉が「技術的に人間を超える知能」の文脈で利用されます。人間の能力を部分的に超えるＡＩであれば、計算、ゲーム、画像認識などすでにたくさんあります。ただ、「人間を超えたＡＩが意思を持ち、悪意を持って人間を滅ぼす」といったような話にこのシンギュラリティという言葉が利用されるときがあり、非常に強い違和感があります。「人間のようなＡＩ」は確かに究極の夢ではありますし、技術的に絶対にできないとも思いませんが、相当先にならないと難しいでしょう。それは現在のＡＩではできないこと、人間のやっていることでまだまだわれわれの理解が及ばないところが多すぎるからです。

　私自身は、知能を本質的に考えるには、学習も大事ですが「身体」の存在が不可欠だと考えています。この視点から、加藤先生に与えられた〝ロボットの心〟のテーマよりスタートして「認知発達ロボティクス」と呼ばれる学術基礎研究を行ってきました。自身が予測、制御がしやすい身体（自分の一部なのに完全には制御できない、という特性も重要です）、予測、制御が困難な外部環境とのインタラクションの中に知能というものが創られる重要な要素がある、ということです。その意味で、今のデータの学習のみに基づくＡＩが意思を持つのか、自己や他者の概念を獲得できるのか、自分自身の可能世界を創造できるのか、時間の概念を持てるのか、信念や欲望、さらに義務や権利などの社会的概念を一般化して理解できるのか……。個人的には、現状ではまったく手も足も出ないと考えています。ディープラーニングは確かに大革命ですが、これに負けない、もしくはこれ以上の革命的発明が複数回行われない限りは、シンギュラリティは起こらないのではないかと考えています。

ＡＩが人間と同等の知能になる、という文脈でもう一つ「わせだ知恵袋」で多かった質問が、「人間の仕事が奪われるのではないか？」「人間はもう仕事をしなくてもいいのではないか？」というものです。しかしこれもなかなか考えづらい。ディープラーニングで人間の仕事すべてを代替させるのは非常に難しいからです。むしろコンピュータやインターネットのような技術革新として捉えるほうが正しいと思います。このようなＩＴの技術革新があったときに何が起こったかというと、確かに一部の仕事はなくなった（形を変えた）ということが起こりましたが、全部自動化されたわけではない。その代わり新しい仕事もたくさんできたのです。例えば、私たちのような大学の教員の場合は、ＩＴによって研究しなくてよくなったということはなく、むしろ論文を書く、査読してもらう、出版される、というサイクルが急激に早くなり、求められる論文の質も上がったのです。技術革新が起これば、それを利用した新しい競争が始まる。今後は、多くの人がディープラーニングを仕事の武器として使うのが当たり前になってくるのです。

逆に、ディープラーニングは人間の代わりになれないから大したことはない、すぐブームは終わる、と言う方も昔からいらっしゃいます。でもそれも本当ではないということはご理解いただけると思います。むしろディープラーニングの本来の活用と発展はこれからだと考えるべきです。こういう新しい技術を、崇めるのではなく、もちろん見下すのでもなく、正しく理解して受け入れるということが非常に重要になるのです。

6 AIに関する議論——責任所在

もう一つ頻繁にある議論が、ディープラーニングは〝ブラックボックス〟であるため利用が難しい、という指摘です。前述したニューロン自体は非常にシンプルな素子です。しかしこれが数十万、数百万、億の単位で集まってコネクションを持つ、しかも分業させる（分散処理）と、中の仕組みが分からなくなってくるわけです。ディープラーニングが現れる前は、機械学習では少数のパラメータから機能が判断できるように学習することが望ましいと考えられていました（スパース化と言います）。しかし、ディープラーニングはそのような構造を必ずしも学習で獲得しません。理解が難しくなったのに性能は上がったわけです。これがブラックボックスと言われるゆえんです。

機械学習ですから、前述した「汎化」という機能が重要になります。タオル畳みを教えたのに本も畳めるとか、液体計量を教えたのにお米も計れる。つまり教えた学習データから、教えていないタスクに適応できるというのが優れているところです。しかし逆に言えば、本当に教えていない、想定がつかない問題に、どのような出力をするのか、何をやりだすのか、をブラックボックスであるがゆえに事前に完全には予測できないのです。

ちなみに、何か出力した後、事後にネットワークを解析することはある程度可能です。いろいろな解析方法があります。例えば、われわれの研究室でやったシミュレータ上での自動運転の例です。自動車の運転を、人間の運転をディープラーニングにより学習させて行いました。運転がある程度できるように学習できた状態で、運転中に視野画像のどの部分が重要なのか、何を見ているのかということを解析しました。すると当然ながらセンターラインを見ている。ところがさらに見ると、信号機をきちんと見て反応できるように学習しているのです。赤になると停止し青になると動き出す。人間がそういう運転をしているというのを学習して、信号機の赤と青が重要らしいということを見つけてくるのです。このように解析はある程度可能です。しかしそれは事後、学習後、動作を確認した後で可能だということです。実際の運転では未学習の状況、想定外の状況が頻繁に起こります。そのときに何をやりだすか完全には予測できない。もちろん、このようなディープラーニングの問題を解決するのは重要な研究です。しかし、そもそもその仕組みが人間の想像限界、思考限界を超えているところに、ディープラーニングが高い性能を示す理由があるということも理解しておく必要があります。

では、中身は分からないけれど性能がいいというシステムを、私たちはどうやったら受け入れられるのか、そもそも受け入れられないのか。具体的には性能がいい、間違いを犯す確率は人間より圧倒的に少ないけれど、間違えたときは人間ならあり得ないような間違いをする、そんなシステムを受け入れられるのでしょうか。

　実は、われわれはすでにそういう存在と付き合ってはいるのです。例えば、ペットや介護などでお世話になっているイヌは、完全にホワイトボックスですかというと、そうではないわけです。イヌの脳のメカニズムが完全に分かるわけではないですし、言語での意思疎通もできません。しかしわれわれは、十分に信用して一緒にいることができる。車が現れる前のウマもそうかもしれません。人工物であるＡＩと動物との比較はいろいろな意見があるかと思いますが、パートナーとして考えるという視点は重要だと思います。

　このときでも、人間から見て、最低限共有できる感覚がある必要はあります。つまりわれわれの知能はどのように生まれてくるのか、という視点が本質になるのです。知能を単に与えられた問題を解く学習システム、として捉えるのではなく、自律システムがその身体を介して世界とどう関わるかを決めるシステムとして捉えたとき、人間との類似性が生まれてきます。そこには認知科学、発達神経科学などの知見が不可欠になってくると考えています。

　ＡＩの責任については、法学からの議論もあります。ディープラーニングのように「開発者の意図を超えて利用することが期待されるシステム」の責任の問題です。このようなシステムが間違った出力を出したときに、それを開発者の責任にされてしまうと非常に困るわけです。このあたりは法律の先生方に教えていただきました。昔のことですが、法律関係の研究会でディープラーニングの話をすることになったときです。最初はこんな怪しげなものを作るな、と批判されるのかと思っていたのですが、まったくそうではなくて、ここまでだったら現状の法解釈でも大丈夫、といったことを教えてもらいました。

例えば事故が起こったとしても、通常の消費者が期待するレベルの安全性は有していた（消費者期待基準）とか、製品の有する効用を危険が上回ることはなかった（危険効用基準）といった基準を満たすことで責任を回避できるとのことです。もしくは開発者が事前に製品の欠陥を認識することができなかったことを証明する（開発危険の抗弁、ほとんど認められないそうですが）など、現状の法律でも適用できるものはあるとのことでした。また、責任の所在を開発者ではなく利用者に帰属するために、ペットや子供のアナロジーを考慮することも考えられるそうです。つまりペットが起こした事故はペットショップの責任ではなく飼い主の責任だというわけです。さらには、私の想像力を超えていますが、ＡＩ、ロボットが責任主体になり得るか、法人格を与えられるかという議論もあります。つまりロボットが賠償金を払うというような仕組みです。

このように現在のＡＩそしてロボットは、倫理的・法的・社会的な課題（ELSI: Ethical, Legal and Social Implications）と不可分な関係になっています。早稲田大学では二〇二〇年四月より、私が所長となってＡＩロボット研究所を立ち上げました。この研究所では、理工学だけでなく政治経済学、法学、文学、商学、社会科学など多彩な教員に研究員として参画していただいています。

7 おわりに

現在、いろいろな分野で多様なデータを使ったディープラーニングの応用が進んでいます。そしてロボットなどの実世界システムに運用できるようになってきています。そのときに出てくる問題意識の一つが、最後にお示ししたような機械が獲得する知能の脅威、責任ということになってくるかと思います。

最初に述べましたように、私自身は、人間のようなロボットを作ろう、その認知メカニズム、心を作ろうという立場から、人間の神経学的知見、認知プロセス、行動をシステム的に理解することを目的とした、認知発達ロボティクスをやってきた人間です。これを構成論的アプローチと呼びます。この基礎研究を続けている間は、道具立てであるニューラルネットワークも含めて、直接、応用研究につながるとはあまり考えていませんでした。しかしこのような研究の経験から、タオル畳み、ドア開け、粉体や液体の計量を行うロボットで用いている基本モデルができたわけです。ディープラーニングもそうですが、役に立つ技術という視点のみで研究されたものだけでなく、科学的興味に基づいた大学の基礎研究から、新しい技術が生まれる可能性もあるのです。

最後に「強いＡＩ」についてです。これは前述したシンギュラリティなどと関連して説明される、非常に自律性の高いＡＩのことです。すでに述べたように、私はこういうＡＩは当分できないという立場をとっていますが、遠い未来ではあっても可能性はある、という意味では否定はしていません。

ＡＩ研究に関する議論を、アメリカを中心に世界中のいろいろな研究者が集まって、二〇一七年に作成した「アシロマＡＩ二十三原則」というものがあります。ＡＩ研究者の守るべき原則が書いてあるのですが、この中の第二十二条に、すごく強いＡＩができた場合についての記述があります。具体的には、「再帰的自己進化または自己複製によって質的・量的に急激に拡大をもたらすＡＩは、厳格な安全管理対策の対象とすべきである」というのが欧米の研究者が作成したルールです。

日本でもこういう規定を作っています。人工知能学会が二〇一七年、私が理事だった時代に作成した倫理指針です。全部で九条あり、第一条から第八条までは人工知能研究者が守るべきルールについて記載されています。ただ最後の第九条に人工知能への要請があるのです。「人工知能が社会の構成員またはそれに準じるものとなるためには、上に定めた人工知能学会員と同等に倫理指針を遵守できなければならない」となっています。先のアシロマＡＩ二十三原則と非常に対照的です。

アメリカでは「強いＡＩ」ができたら即座に警戒対象、〝敵〟になります。隔離して管理する。ところが日本では即座に〝友達〟で一緒にルールを守ろう、と呼びかけるのです。これは日本の強みだと私は思っています。この新しい技術を素直に受け入れられる感覚こそが、ＡＩやロボットというものを自然に使える日本独特の文化なのだろうと思うのです。

【参考文献】

『ＡＩ事典（第三版）』近代科学社、二〇一九年。

尾形哲也『ディープラーニングがロボットを変える』日刊工業新聞社、二〇一七年。

尾形哲也「ＡＩ（深層学習）とロボットの発展」日本ロボット工業会『ロボット』第二四〇号、一〇―一三頁、二〇一八年。

尾形哲也「ロボットの世界におけるＡＩの現状と展望」『月刊エネルギーレビュー（特集「実世界へのＡＩ導入」）』第四五六号、一〇―一三頁、二〇一八年。

尾形哲也「ディープラーニングによるロボットの認知と行動の予測学習モデル」公益財団法人ひと・健康・未来研究財団『ひと・健康・未来』第二一巻、三〇―三五頁、二〇一九年。

尾形哲也「深層予測学習を利用したロボット動作学習とコンセプト」『人工知能』第三五巻一号、一二―一七頁、二〇二〇年。

梶田秀司「ヒューマノイド――人型ロボットの現在とこれから」『RAD-IT21 WEBマガジン』二〇二〇年五月八日。

Kei Kase, Chris Paxton, Hammad Mazhar, Tetsuya Ogata, Dieter Fox, 'Transferable Task Execution from Pixels through Deep Planning Domain Learning', *Proceedings of 2020 IEEE International Conference on Robotics and Automation* (ICRA 2020), 2020.

Kuniaki Noda, Hiroaki Arie, Yuki Suga, and Tetsuya Ogata, 'Multimodal Integration Learning of Robot Behavior Using Deep Neural Networks', *Robotics and Autonomous Systems*, Vol. 62, No. 6, pp. 721-736, 2014. [DOI:10.1016/j.robot.2014.03.003]

Pin-Chu Yang, Kazuma Sasaki, Kanata Suzuki, Kei Kase, Shigeki Sugano, and Tetsuya Ogata, 'Repeatable Folding Task by Humanoid Robot Worker Using Deep Learning', *IEEE Robotics and Automation Letters* (RA-L), Vol.2, No.2, pp. 397-403, Nov. 2016. [DOI: 10.1109/LRA.2016.2633383]

講演3

令和二年　心のモデルを考える

長尾真

1 頭脳のモデル

(1)コンピュータで扱えるモデルを考える

最近、「人工知能は人間を超えるか」という質問がよくなされています。これは何において超えるかという条件が示されていない質問であり、なかなか簡単に答えることはできません。こういう不完全な質問は答えも曖昧になります。同じように「機械は心を持てるか」という質問の場合にも心とは何かを定義せずに、心が持てるか、持てないかという議論をするのはあまり意味がないことになってしまうと思われます。

そこで、「心とは何か」ということを定義するとか、議論しようとすると、頭脳の機能的な働き全体はどういうものであると想定するか、あるいは仮定するかということをまず考える必要があると思います。

人間頭脳の構造については、脳神経科学的にも、あるいは心理学的にも徐々に解明されつつあり、その各部の働きがある程度分かってきています。しかし、これらの各部の働きが総合的にど

郵便はがき

料金受取人払郵便

河内郵便局
承　認

373

差出有効期間
2022年10月
20日まで

（期間後は切手をお貼り下さい）

5 7 8 - 8 7 9 0

東大阪市川田3丁目1番27号

株式会社 創元社 通信販売係

創元社愛読者アンケート

今回お買いあげいただいた本

[ご感想]

本書を何でお知りになりましたか(新聞・雑誌名もお書きください)

1. 書店　2. 広告(　　　　　　)　3. 書評(　　　　　　)　4. Web

5. その他

◉この注文書にて最寄の書店へお申し込み下さい。

書籍注文書

書　　　　名	冊数

◉書店ご不便の場合は直接御送本も致します。

代金は書籍到着後、郵便局もしくはコンビニエンスストアにてお支払い下さい。(振込用紙同封) 購入金額が3,000円未満の場合は、送料一律360円をご負担下さい。3,000円以上の場合は送料は無料です。

※購入金額が1万円以上になりますと代金引換宅急便となります。ご了承下さい。(下記に記入)
希望配達日時
【　　月　　日 午前・午後　14-16 ・ 16-18 ・ 18-20 ・ 19-21】
(投函からお手元に届くまで7日程かかります)

※購入金額が1万円未満の方で代金引換もしくは宅急便を希望される方はご連絡下さい。

通信販売係　　Tel 072-966-4761　Fax 072-960-2392
Eメール tsuhan@sogensha.com
※ホームページでのご注文も承ります。

〈太枠内は必ずご記入下さい。(電話番号も必ずご記入下さい。)〉

お名前	フリガナ	歳
		男・女
ご住所	フリガナ 〒□□□-□□□□ E-mail: TEL　　－　　－	メルマガ会員募集中! お申込みはこちら

※ご記入いただいた個人情報につきましては、弊社からお客様へのご案内以外の用途には使用致しません。

ういうふうに関係して働いているか、そして、総合的に矛盾のない形で、一個の統一された頭脳として働いているかということについては、まだまだ分かっていないのです。脳神経科学もずいぶん発展してきているけれども、例えば、知識あるいは記憶といったものが脳のニューロンネットワークの中でどういう形で存在しているのかはとても分からない。あと十年か二十年すれば分かるかもしれませんが、現段階においては、抽象的な言葉あるいは概念と言われているものが脳の中でどういう形あるいは働きとして存在しているかはまったく分からないと言ってもよいでしょう。そこには大きなギャップがあるわけです。

私のここでの話は、ニューロンとか、そういう脳神経科学的なレベルではなくて、あくまでも記号論理の世界、あるいは記号を扱うコンピュータのプログラム的なレベルでの話です。与えられた入力情報に対して頭脳がどのように反応し、応答をするか、その中で心の働きと考えられる部分はどのような仕事をしているかという立場で、心というものの特徴を浮かび上がらせようという立場です。つまり心の働きをどのような形でコンピュータのプログラムでシミュレーション（模擬）できるか、それによって間接的に心というものは何かに答えるとともに、その結果を使ってより人間的な人工知能を実現できないかという立場での議論です。

(2)頭脳の働きを三つの部分に分けて考える

心の定義をする、あるいは心のモデルを考えるといったときには、人間頭脳の働き全体をモデ

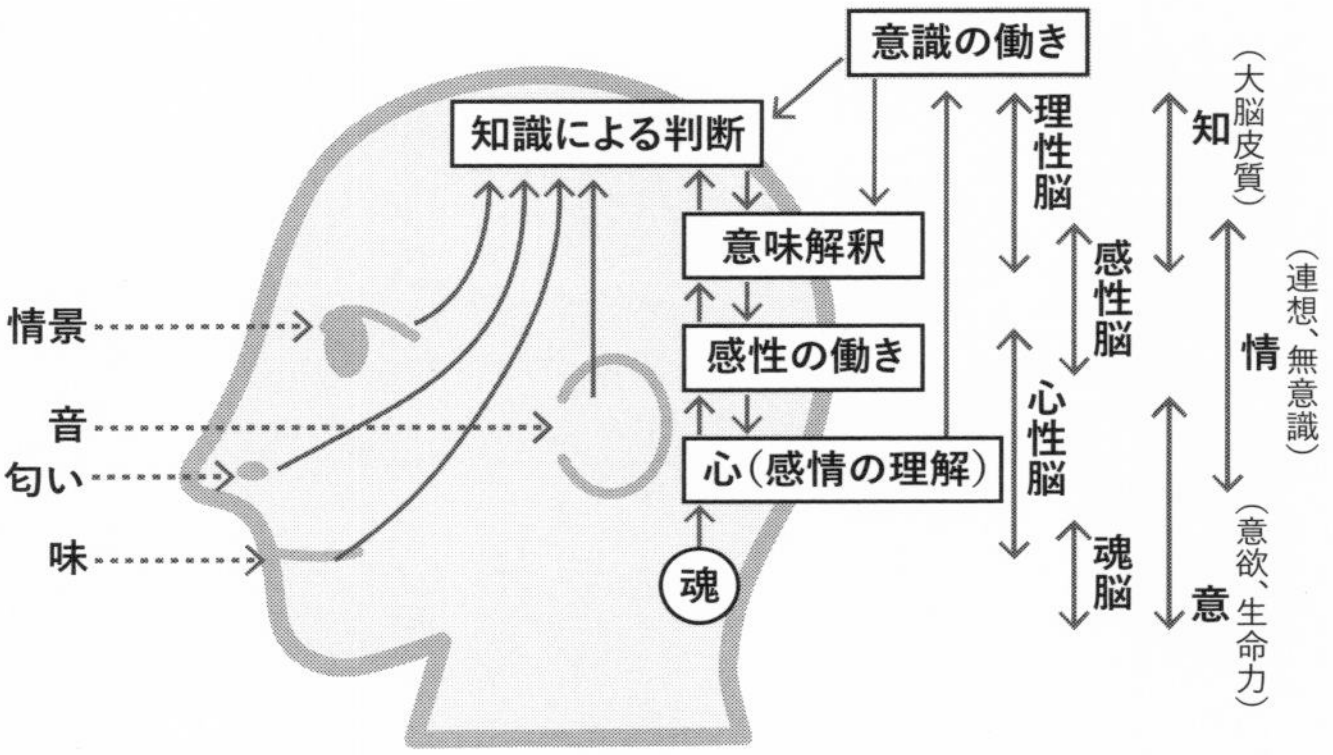

図1　頭脳の働き

ル化する必要が出てきます。コンピュータで人間頭脳の働きを模擬するということの中で、心と言われている働きがどういうものかという立場で考えます。

人間頭脳は非常に複雑で総合的に働いているので、それを全体として一つのコンピュータ・シミュレーションモデルとして実現するのは難しい。そこで頭脳の働きを三つの部分（ブロック）に分けて考えます。それは知的機能の部分と心の働きの部分、魂の働きの部分です。魂という言葉はいろいろな意味で使われますが、ここでは生命力、人間の生物としての根源的な力、エネルギーを発するところという意味で使います。このように三つに分けて頭脳の働きを考えてみたい。これは古くから言われている知・情・意にある程度対応すると考えてもよいでしょう。このようにするとプログラムを作る立場からはやりやすいのです。これを図1に示します。

まず知識機能、つまり知識と推論過程、そして知的判断をするレベルを考えます。これは主として前頭葉で行われると考えられます。それを支えているものが感性とか感情とかが中心となっている心と言われている部分です。その中間に意味解釈のレベルを考えます。この意味解釈のレベルは、知識による判断の部分に属させてもいいし、感性とか感情、心の世界に結び付けて考えてもいいと思われます。心のブロックでは感性と感情は少し違っていて、感性は知性のほうに近く、感情は心の中心的存在であり、魂に近い作用であると考えてもよいでしょう。そして一番下に魂、つまり生命力の部分があるとします。

そこで心とは何かという定義の仕方です。頭脳の働きをこのように三つのブロックに分けたときに、知的機能と生命力的な機能というのは比較的明らかにしやすいと考えられます。その間に挟まれた心のレベルというのが最も複雑で定義しにくい。ですから、心とは何かと言われたときの定義としては、知的機能と生命力の働き以外の頭脳の働きが心の働きだと考える。つまり、心というのは非常に多面的、多様な形で現れてくるので、このように間接的に定義するのがいいのではないかという立場です。

ただ、この三つのブロックには互いに密接な相互関係があります。それは三つの部分を結び付けるパラメータ的なものとして捉えることにしてはどうかと考えます。このように考えると、プログラム的には考えやすい頭脳の活動モデルが作れるのではないかと思っています。

2 頭脳の知的機能

(1) 知識と推論

知的機能の働きを考えます。まず知識とはどういうものであるかです。情報が外から、目、耳、鼻、口などを経由して入ってくる。それはデータです。そのデータが、既存の知識との間で照合され、認識が行われる。例えば黄色がかった赤色の丸いボールのようなものを見ればリンゴと判断する。そうすれば食べられるとか、すっぱいのではないかといったことが連想され、ある種の価値を持つことになります。これが意味解釈まで含んだ認識です。それができるとデータは情報になる。情報は意味的価値を伴ったものです。それは人によって違いますが、単なるデータではない。

その情報が次の段階で既存の知識のネットワークの中の適切なところに位置づけられる。ネットワークというのはノードとそれらを結ぶリンクからなります。ノードは記憶される情報、あるいは概念に当たるもので、リンクは関係する情報・概念を結び付けるものです。クモの巣みたいなものだと思ってもらったらいいのですが、入ってきた情報をこのネットワークのどこに入れておくのが一番いいかということが決まると、情報は概念となり知識になると考えます。

そこで情報が意味的価値を伴って、知識ネットワークの構造のどこに位置づけされるのかということが問題になります。例えば意味の近い概念（単語）は近くに置かれるでしょうが、これは名詞である、動詞である、形容詞であるといった文法的機能まで含めて考えると、複雑な構造を考えねばなりません。また知識ネットワークの中の知識を結び付けているリンクの強さ（情報相互間の関連性の強さ）が問題になります。この強さは推論の過程でそのリンクがどのような頻度で使われるかによって強化されていくことになります。このリンクがほとんど使われなくなることは忘却に対応します。こういったことはいわゆる学習に当たるもので、コンピュータにおける学習の中心課題です。また異なった推論活動において同じリンクが使われるときに強さが変わったりしているのか、もしそうであればその制御をどうするかは難しい問題です。いずれにしても知識はＡからＺまで並べた辞書の形で表現されているといったような単純な考え方ではとても駄目で、非常に複雑なネットワーク構造を考えないといけないことになります。そしてこの知識の構造は人によって異なるという問題もあります。

知識の構造はこのように複雑なものですが、コンピュータの中に作れないことはありません。もちろん、完全なものはできません。近似的なものしかできませんけれども、それでも役に立つものは作れると思っています。作れなければ良い人工知能システムはできません。

知的ブロックでの大切な機能は推論です。推論のきっかけは何かというと、外から入ってくる情報です。つまり目から入ってくる情報、音で聞く情報、匂いや味とか、そういうものが全部知的ブロックに入ってきて、それが心理学で言われている短期記憶に入り、知識のネットワークの中の適切なところと照合され、その結果、認識が行われます。そしてそれを刺激の材料として推論が行われ、今、飛んでいる飛行機は何だろう、あれはヘリコプターかなとか、相手の言うことに対する応答を作るための推論をすることになるわけです。

知識のネットワークの一つの概念から次の概念につながっているリンクを一つ通るのが一つの推論過程ですが、一つの概念からはいくつものリンクが出ていますから、AならばB、BならばC、CならばD、あるいはAならばB’、B’ならばC’というように、いろいろな方向にたどっていくことができて、何段かの推論をすると多方向に広がって、多くの結果を出します。

このようにいろいろな方向にたどっていくとき、可能な全部をたどることはできません。強いリンクが張られているところを優先的にたどっていくわけですが、これは人によって違っていますから、結果も違います。それはいわば人の好みに従ってやっていくわけで、その人の好みに合わない方向の推論はあまりしないでしょう。囲碁、将棋でも勝ち目のないような方向は考えず、有利と感じた方向に推論をするということになります。どの道を優先的にたどるかということは、その人の価値観によるわけです。思考と言われるものです。それはその人の意思とか意図と言われるものにも関わります。例えば春になって桜を見に行きたいと思って、どこへ行こうかといろいろ推論していたときに、雨が降ってきたとすれば見に行くのを諦めますが、そのとき頭の中では雨に濡れてまで行くのは嫌だとか、雨では桜の花びらは美しくないだろうとか、行きたかった自分の欲望を抑えるあらゆる理屈を考えることになります。これは価値観の変更やネットワーク上の推論の方向を変えることを意味するでしょう。このような記憶、推論、判断などの機能が前頭葉で行われているのかは分かりませんが、コンピュータの場合は知的ブロックの中での機能として考えてよいでしょう。

(2)現在の人工知能の領域

この人間の知的活動の部分をコンピュータで実現しようとしているのが人工知能と言われているものです。現在人工知能として作られているシステムは、ほとんどすべて人間の知的機能の働きの範囲をコンピュータで行うもので、心の働きといった機能とは関係なく作られています。ただ同じ知識を用いても推論する方向には多くの可能性がありますし、どの程度の深さの推論をするかということ、さらに多くの可能な方向の推論をした結果のうち、どれを選んで結論とするかが問題となります。それはシステムの期待する目標にどこまで近づいているかとか、システムを使っている人の持つ価値観、評価基準をどの程度満たしているかによって決まります。

それではその価値の基準はどうして作られるかということです。その人工知能システムを多くの事例で試してみて、どれほどの確率で最終目標を達成するかを調べながら設計者が価値基準を試して調整するのですが、これもできるだけ自動化していく方向にあります。具体的には、ある方向に強く深く推論していくと良い結果を出せると考えた場合、ネットワークのその方向のリンクの強さを調整したりするのです。そういうことが繰り返されることによってその人工知能システムはより強力になっていくわけです。

このようなことは人間の頭脳では直感に基づいて有利な方向を優先的に選んで推論していくので効率的です。これに対して、人工知能の問題解決システムは時間をかけてあらゆる方向の推論をするにしてもコンピュータの速さで行うので、結果はすぐに得られます。つまり人工知能システムはあらゆる可能性を見落とさず探索を高速に行うことができるので、知識のネットワークを詳細に作れば作るほど確かな結論を導き出すのです。ですから人間の行う推論では対抗できないのです。囲碁や将棋の人工知能システムに名人でも勝てないのはやむを得ないことです。

人間の頭の中で記憶できることは膨大ですが、一人の人間の持っている知識は知れています。それに対して、コンピュータのメモリーはほとんど無限の大きさを持っていますから、いくらでも知識を覚えられます。ですから、この面でも人間の知識はコンピュータの持つ知識には勝てません。しかもコンピュータはあらゆる可能性について網羅的に推論しますから、人間のように見落としはしないわけで、人間はとてもその推論能力に勝てないのです。

もし人間が勝てるとすれば、連想的な知識や微妙な性質の違い、そして多方向の推論の結果その中のどれを最終的に選ぶかという判断において、コンピュータの持つ能力に勝る場合があるということでしょう。また人の心はその時々の状態に応じて変わるという柔軟性を持っているので、外部環境の変化により適した判断ができる可能性があるということもあります。これはしばしば後に述べる感性や心の状態に依存する場合です。

コンピュータに持たせる価値基準を学習機能によって徐々に変えていくことも行われていますが、それがどこまでうまくできるかということについては、まだまだ研究しなければなりません。人間を凌駕する、人間よりも優秀な価値基準をコンピュータが学習によって獲得することができるということになれば、心の世界が関与している事柄についても、人工知能にかなわないという時代がひょっとしたら来るかもしれませんが、なかなかそこまでは行かないだろうと、自分をなぐさめているところです。

3 魂の働き

三つに分けた頭脳の働きの中で比較的簡単なのは魂（生命力）の機能です。つまり、生命体を維持するエネルギーを発する根幹にあるものです。その生命力の活性化の度合いに応じて、活性度が高いときはその力で心全体の活力が上がっていく。そして心全体の活性度が上がると、知識を使って推論するところが、いろいろな形で活発に動く。ところが生命力の発露、エネルギーがものすごく小さいとか、病気になっていて息絶え絶えのときには、心に対する生命力からのエネルギー供給が非常に少なくなって、心自身も萎えてくる。心の活力が高くなければ外部に対する反応が鈍くなる。また知的活動の部分における推論の働きも低下してくる。推論できるけれども、その推論も明るいほうに推論するのではなくて、暗いほう、暗いほうに推論していかざるを得ないような形になるといったことがあります。

つまり生命力のブロックと心のブロックと知識のブロックとの間はそういう関係性を持つのではないか。だから一番下の生命力のブロックはエネルギーの力が強いか弱いかぐらいの違いしかないような、エンジンに当たるようなものと考えられ、そのプログラムは比較的簡単に作れると思います。ただ外界からどのような刺激や情報が入ってきたときに生命力がどの程度の強さになるか、それが心の部分から来たり、あるいは知識判断の結果から来たり、また体の健康の度合いから来る場合があるかもしれず、具体的にこれを扱うのは簡単ではありません。人にひどく叱られたときには魂のブロックにそれが直接影響することがありますが、それがどの程度の大きさになるかは人によって違うという難しさもあります。

他の例として生命力のエネルギーの制御が知識のブロックのほうから来る場合を考えてみます。いいニュースを聞けば知識が活性化する。その活性化した知識ブロックの影響力が心の世界に及んで、心の世界も明るく活性化される。そうするとそれが生命力の世界にまで影響して、生命力のエネルギーがもっと増えるということがあるでしょう。つまり影響は逆方向（トップダウン）に働くというわけです。入学試験に合格したというニュースはその人を元気にします。また逆に入学試験に落ちたというときはとても朗らかな気分にはならないわけです。

他人から侮辱されてカッとなると脳内ネットワークのある部分にドーパミンのようなものが分

泌されて、そのネットワーク部分が活性化され、意識が他の仕事を指示してもすぐに元に戻るという現象が起こります。そしてこのドーパミンの分泌が終わってネットワークのその部分に対する化学的作用が消え去ると、むしゃくしゃした気持ちが無くなり、やっと正常な頭脳に戻るという現象があります。カッとなるのは知的ブロックが外界からの刺激を侮辱と解釈して心のブロックに伝達し、そこで腹を立てるのでしょうが、それが生命力ブロックを刺激してドーパミンを出させるのか、どういう経路でそのような現象が引き起こされるのかは脳神経科学的に解明できるでしょう。

とにかくカッとならないためには、頭の中にドーパミンが分泌され始めたことを感じたら、知的ブロックの理知的機能を働かせてブレーキをかけるようにすることが大切で、そうすれば出かけたドーパミンが出なくなる、要するに我慢をすることが大切なのです。腹を立てて一日を過ごすよりは三十分ほど我慢することを選ぶのです。

あるいはどうしても我慢ができないときは侮辱した相手をやっつけることで、自分がやっつけてやったという優越感を得て、それに対応するニューロンネットワークの部分がより活性化し、侮辱されたときのネットの部分を抑圧してしまうという方法もあるでしょう。しかしこれはあまりお勧めできません。いずれにしても、こういった現象をコンピュータプログラムの上に作れないことはないでしょうが、非常に難しいことです。

頭脳全体の働きをこのようにブロックに分けて、そのブロック相互間の関係性というものをうまく導入することによって、荒っぽい近似でしょうけれども脳全体の働きとしてうまく働くようにモデルを考えることができるのではないかと思います。

4 心の現象は複雑である

(1) 対話事例から心の働きを推し測る

知能レベルと生命力レベルの機能のプログラムが作れたとして、人間頭脳のその他の働きをすべて心の働きという形で捉えることにします。そのとき、心あるいは心の有り様といったことは言葉でしか伝えることができません。心には、感性とか感情とか気持ちとか、意図とか、決断の仕方とか、動機とか、希望とか、思いやりなど、多くの働きがありますが、これらは言葉によって伝える以外に方法がないということです。これらの機能が脳内のどこで行われているかは分かりません。

生命力との関係では、明るい心、暗い心といった表現があります。心に与えられる生命力からのエネルギーが大きくないときは、心が落ち込んで決心がなかなかできなかったり迷ったりしてしまうということになります。優しい心を持つという表現がありますが、それは相手の心を推察して、広い客観的立場から物事を考える場合でしょう。

心の働きを観察しようとする場合、自分の心を自分が観察する内観法と言われているやり方と、外部から他人が観察して評価する場合とがありますが、この両者で心についての判断が違うことがしばしばあるわけです。自分は他人に対して親切心を持っている人間だと思っていても、他人から見ると無口で何を考えているか分からない、親切心など感じられない人だと思われたりすることはよくあることです。ですからアメリカの心理学者ワトソン（John B. Watson）などは内観法を否定し、他人が外部から対象となる人の発話や行動を客観的に眺めてその人の心の状態を推測する方法でなければ学問としての客観性を保てないと主張するわけです。コンピュータで心の状況を模擬しようとするのも、このワトソン的な立場に立っていることになります。できるだけ多くの人が客観的に外部から見ることで人々が納得する学問的なものにしようとするのです。

　心を考える場合に二つの場合の区別が必要です。一つはある時点での心の動きです。例えば叱られてムッとする場合の心の状況です。短時間の心の動きに関する表現はいろいろあり、イライラしている、怒っている、心が挫けている、心が騒いでいる、心が弾んでいるなどたくさんありますが、第三者から見てどういう現象の場合にこれらの言葉のどれが当てはまるかを網羅的に調べて、その人のそのときの心の状態を推定するということはコンピュータにもある程度できるでしょう。

　もう一つはそういったいろいろな場合の心の動きの長期間にわたる、いわば平均的な心の表現です。あの人はいつも落ち着いているとか、良い性格の人だとか、そうだけれどたまにカッと来ることがあるといった表現に当たる心のことで、人の性格と言ってよいことを指す場合です。これは短時間に起こる心の働きに対応する言葉を長期間にわたって集め、その集合を、温かい心、冷たい心、気配りの心、広い心などの表現に対応させ、この人は心の温かい人だなどと、人の性格に当たる言葉を対応させることによって得られます。つまり、このように長期間にわたるいろいろな刺激に対するその人の反応から推定された心の表現（言葉）の集合から推定されるその人の心の有り様は「性格」という言葉でほぼ表現できることになると考えます。

ただ、こういったことはあくまでもワトソン流の第三者的立場からの議論です。心が挫けるとか心が騒ぐといった表現は第三者の立場からのものでなく、本人の内観的な気持ちの表現と考えられますが、これをどう扱うかはワトソンなどの客観的立場からの研究では難しいかもしれません。

（2）感性・感情とは

感性というのは、心の働きのうちで最も知的な機能に近い理知的な性格を持つ直感的な認知であると考えてよいのではないでしょうか。これに対して、感情というのは心の働きのうちで最も生命力的機能に近い性格を持つ働きと考えてよいでしょう。例えば他人が涙を流しているのを見ると自分も涙を流す反応を本能的にします。人が亡くなるときに立ち会っていると、その状況が見ている人の生命力的機能に直接働きかけて、共鳴する魂のエネルギーが心に働きかけて、感情を高ぶらせるというプロセスが働くわけです。これらは情動と言われているものでしょう。目や耳など、いろいろなところから入ってくる普通の情報は知的機能のブロックを経て、心のレベルに影響を及ぼす形でプロセスが進むのに対して、情動とか、人が泣いているのを見るときに受ける情報というのは、そういうところを突き抜けて生命力のレベルに直接働きかける。そして、そこから心のレベルに影響が上がってきて、心が乱れるとか、心がショックを受けるとか、そういうことが起こってくるわけで、頭の中にはそういう特別なチャンネルがあるのではないでしょうか。ピアノの演奏において例えばドの鍵盤を押す場合でもいろいろなニュアンスがあり、直接心に響いてくる音もあれば、単に知的ブロックの解釈で終わってしまう音の場合もあるわけです。つまり、人間の魂の根幹に直接響いてくる音がありますが、それは直接、生命力に働く情報チャンネルがあって、そこから心の働き、知的働きに逆に上がっていくチャンネルもあるのではないかと考えます。芸術的な音とはそういうものでしょう。

感性とか感情を表現する言葉としては、例えば、きれいであるとか上品であるとか、きゃしゃなものだとか、そういうもの、あるいはその反対のものとかいろいろあります（こういった感性や感情の表現の種々については乾敏郎氏の『感情とはそもそも何なのか』の第一章に詳しく書かれています）。

そういう言葉が心の状態とどう関係するかということを解明することは、言語心理学的にかなりうまくできる可能性があると思います。感情に関する単語を網羅的に集めて分類することによって心の動きの詳細がコンピュータプログラムでも扱えるようになっていくでしょう。

「相手を理解するとは」という問いには二つの段階があると考えます。一つは知的ブロックの中での働きであり、もう一つは心のレベルでの現象です。前者は相手の持っている知識ネットワークの内容を関心のある範囲で知ることです。そして相手の推論の仕方、方向性です。これらは相手との対話によって知るわけです。例えばその人はどのような仕事をしている人か、興味を持っていることは何かといったことを知ることで、対話がより活発になるでしょう。また、相手の人はすぐに損得などお金に結びついた話に持っていく癖があるとかです。後者については、前者のようなことは詳しく分からなくても、例えば病気の子供を抱えているとか、奥さんを最近亡くして気落ちしているといったことが分かって心のレベルで同情するといった場合です。いずれの場合も、相手の知的ブロック、心のブロックと自分のそれらとが似ているとか共鳴する場合に理解したと感じるものと思われます。

(3)三つのブロックをつなぐ機能

心のブロックと知識のブロックとをつなぐ部分は何を想定すればよいかも難しい問題です。例えばある外部刺激に対して「了解しました」という応答をする場合を考えてみましょう。

(i) 心が快活なとき＝はい、了解！　そうですね。

(ii) 心が平静なとき＝分かりました。了解しました。

（ⅲ）心がイライラしているとき＝分かってますよ。そうですか。

このような異なった表現で、しかもしゃべり方、発話の仕方に大きな情報を持たせつつ、意図的に自分の心の状態が相手に伝わるようにしたりします。このように応答の表現はそのときの心の状態に大きく左右されますし、外部からの情報の内容・意味、あるいは相手の発話態度によって受け手の心の状態も影響を受けますので、知的ブロックの情報の種類と心の状態との組み合わせ（掛け算）の数だけの区別を考えなければなりません。これは膨大なものになりますが、コンピュータにとっては数十万組み合わせくらいであれば問題ではありません。問題になるのはそのようなすべての場合を列挙して用意しておく作業ですが、これも現実世界での対話をアクセント、イントネーションなども含めて全部記憶し整理することによって、かなり自動的に作ることができるようなところまで来ていると言ってよいでしょう。何しろ今日の言語処理研究では表現の変化形を数十億文集めて分析して使っているという時代になってきているのです。

先の例は心が知的ブロックに働きかける方向での現象を示しましたが、逆の方向の例を考えてみましょう。

（ⅰ）入学試験に合格した＝心の活性度が高まる。

（ⅱ）入学試験に落ちた＝心の活性度が下がる。

この場合も、受験した人が合格するに違いないとか、解答に失敗したから不合格に違いない、結果の発表を見に行く気にもならないと思っている場合など、心に対する影響の大きさはかなり違うわけで、そういったことを詳細に場合分けして整理しておくことが必要になります。心のブロックと魂のブロックとの間をつなぐ関係をこのような観察で整理することは比較的簡単でしょう。

「心とは何か」という問いに対する要約・結論としては、外界から与えられる情報に対して知識や言葉の領域が関わりを持ち、感情なども乗せて応答するには頭脳の特定の場所だけが使われているわけではないでしょう。ですから脳内のどこかに心というものの場所があると考えるのではなく、それは頭脳の中の働きであって、「心の働きとはどのようなものか」と問うべきものなのでしょう。外界からの刺激に対して人はどのような感情を持ち、（知的な働きや生命力の働きに影響されて）どのような反応を外界に表出するか、また知的ブロックから表出しようとする内容にどのような心的情報を乗せた変化形で表出するかによって、その人の頭脳の中の働きを推定し、第三者が言葉によって表現したもの、それを心の働きと称しているのではないかと考えます。要するに「心の働き」とは、コンピュータ的立場からはソフトウェアであり、頭脳の中で働くプログラムであると捉えられると考えるのです。そしてこのプログラムは個人ごとの過去の経験によって異なっており、これがその人の性格であり、個性であるわけです。

そして種々の外部からの情報に対するその人の反応の総体、あるいは平均的な反応状況をその人の性格として捉え、適当な言葉で表現しているのではないでしょうか。もしそうであれば、外部からの入力情報に対するある人の反応をすべて集めてロボットに入れておけば、あたかもその人らしい性格のロボットが出来上がるかもしれません。

5 頭脳を統括しているもの

(1) 精神とは

「心とは何か」と同じように、「精神とは何か」という言葉がよく出てきます。精神というのは、これまで述べてきたようなモデルの世界で言いますと、心の働きのうちで、比較的知的機能に近い活動の現れ、あるいは、知的機能における物事の判断の基礎にある理念に関する心の現れを言うのではないか、あるいは、理性的、能動的、目的意識的な心の働き・気力といったものを指すのではないかと考えます。良心というのは、悪を退けて善を命じる道徳的な意識と言ってよいでしょうが、善とは何かというのは大問題です。ただそういう形で捉えることによって、精神という言葉に対して意味というか、定義というか、そういうものを与えてはどうだろうかということです。これはヘーゲルの言う主観的精神に対応します。

意志という言葉もあります。これは精神の強さがある特定の目的に絞られて働いている状態と言っていいでしょう。生命力の強い力を受け、心が活性化され、知的ブロックにおけるなすべき物事を強く支持する心の現象と考えてもいいかもしれません。

精神は先に述べた感性や感情、つまり心に支えられていると考えられます。そして心はまた常に生命力からのエネルギーに支えられているのではないかと思います。道徳心は人間の生物としての魂が他人の魂と共鳴することによって作られるものではないでしょうか。しかしこういったことに対する逆の方向も考えられます。義務感というのは、知識のレベルから心のレベルをコントロールするという形で出てくるものでしょう。そして、その働きがもっと強くなると、ある程度魂のレベルのコントロールまでするようになるのではないでしょうか。

その状態はある種の信仰というか、自分が観念的に思っていることに集中し、他の考えを排除するというようなことにつながっていく場合もあるでしょう。その力が強すぎると他と妥協したり許したりすることが難しいという精神構造になってしまいます。一神教における信心はほぼこういう構造になって働いているように見受けられます。日本の神道の場合では、やわらかい心の働きが優位に働いていると考えられますが、その力は非常に弱いので、神とは何かといった教義もはっきりしていないし、日本人の精神も明確ではありません。

（2）意識とは

意識という問題があります。意識とは何かというのは、なかなか難しい問題です。フロイトから始まって、多くの心理学者、哲学者が意識の問題を議論してきていますが、必ずしも一致した考え方には至っていないようです。

私は頭脳の活動をコンピュータの働きとの比較で考えることが多いのですが、その立場で少し検討します。コンピュータは、例えば計算をするプログラム、人の顔を認識するプログラムなど、多くのプログラムを一つのコンピュータの中で同時に走らせています。ある時点にある入力情報が与えられると、それを解読してどのプログラムに渡して処理させるかを判断してそのプログラムを走らせます。またこうして動いている多くのプログラムが順調に動いていることを常時確認したり、あるプログラムが停止していたらどういう原因で止まっているかを分析し、再起動したりしています。このように複雑なコンピュータの働きを管理しているのがオペレーティングシステム（ＯＳ）と言われているもので、今日のコンピュータにはすべて備えられています。このようにコンピュータが行っているすべての仕事を管理しているＯＳの働きが人間頭脳における意識に対応するものなのではないか、と考えています。

人間の場合、例えばある文字が目の前に提示されれば、意識はそれを捉え、頭脳の中の文字認識の部分に指令を出し認識させ、耳から音が聞こえたらそれを判別する脳の部分を働かせるというわけです。意識そのものは認識などの具体的な仕事をしているわけではなく、脳のそれぞれの担当部分を活性化し、それらが順調に仕事をしているかどうかを常にチェックしているのです。例えば「今、自分は算数の問題を解いている」ということを意識しているが意識そのものが算数の問題を解いているわけではないのです。そういった状況で、その最中に何か別のことが起こったら意識はすぐそれに対応する頭脳部分を活性化することができるのです。人が道を歩いているとき、左右の足はほとんど無意識に出されていますが、つまずいたりした場合に意識がすぐに対応して手すりにつかまる指令を出すといったことをするわけです。あるいは緊急のときは意識を通さずにショートカットでつかまる動作をするでしょうが、それはすぐに意識に報告されるわけです。相手に何か言われて腹が立ったとき、無意識的に相手を殴るといったとき、その直後に意識に対してその行動が報告され、しまったと反省することなどよくあることです。意識はこのように指令を出すだけでなく必ずその後を追跡してうまく行っているかをチェックしていると考えられます。

「みる」という動詞には「見る、観る、視る、看る、診る」などの漢字が当てられています。例えば「見ていても気づかない」ということはよくあることですが、これは対象が目に入っていても意識にその報告が上がっていないか、上がっていても意識がそれを確認していない状態です。したがって意識は通常なら確認して次のステップに指令を出すわけですが、それがない場合と考えられます。つまり意識はほかのことに気を取られていて見ていないという現象です。座禅を組んでいたり、悟っている人の場合にもあり得る状態です。これは訓練によってできるようになっているのでしょう。くだらないことには意識を持っていかないのです。要するに、意識はcognition でなく、それをフォローアップしてチェックする recognition を行っているというわけです。ロボットは基本的にこのような制御機能を持っているのです。

人が倒れたときに意識はあるか、ないかが問題になります。その人に呼びかけたら意味のある返事（応答）がある場合に意識があると言い、無反応か反応があっても通常期待される反応でない場合に意識がないと言うわけで、これは外部からの刺激に対して意識の部分が機能していない場合です。あるいは意識は知識や判断のブロックから応答を得ていても、それをしっかりと受け止め行動のプログラムに明確な指令を送り出せない状況にある場合とも考えられます。目が外を見ていたとしても意識の部分が働かなければ応答への指令の伝達ができないと考えられます。意識があるということは、知覚として得られたもの、認識したことをフィードバック的に確認していることと定義できると思います。

脳の知的レベルの働き、あるいは心のレベルの働きが、外部から情報を得た場合、フィードバック的にこういう情報が来たよということを意識に上せるというフィードバックプロセスがあって、その機能を司っているのが意識ではないかということです。だから、無意識のうちに足を動かして歩いているという場合は、頭の中では足を動かす動作に指令を出しているけれども、意識のレベルは通っていない、そういう働きであると理解してはどうかと思います。人間の身体の状況が生命力ブロックを通して心に影響すると考えることができます。バリ島のケチャなどでのトランス状態はこれに関係するのでしょう。つまり意識と魂（生命力）とは直結していて、興奮した魂が通常の意識の働きを変えてしまう結果ではないでしょうか。

（3）意識に関する二、三の話題

寝ているときにも脳はいろいろな仕事をしていることが知られています。起きているときは外部からの情報入力が常にあって、それらは記憶の上層部に入れられた情報や知識との間でやり取りをするのに忙しいが、寝てしまうと外部からの情報は極端に減るので、意識は記憶の深い層にある情報を見て回り、忘れていた記憶を思い出す（意識に上ってくる）というわけです。私の場合は、例えば「原稿を十月中に書いてくださいよ」と半年ほど前に言われたら、そのときは「はいはい、分かりました、やります、やります」と言っておいて、後はすっかり忘れていることが多いのです。だけど、九月の末頃か十月の初め頃になると、寝ているときにふっとそれを思い出すのです。「そうだ、原稿を頼まれていたな、もう期限が過ぎたかな」と意識のレベルに上ってくる（夢のお告げ?）ということがよくあり、危ういところを救ってもらったことがあります。

それは寝ている間に、意識の働きが昼間に調べていなかった記憶の深いところを調べ回っており、「この記憶内容はもう十月がデッドラインだよ」というのを意識のレベルに持ってくるような働きをしているのではないかとしばしば思うのです。無意識の記憶の世界が画然とあるのではなく、膨大な記憶の領域で意識がチェックできていなかった部分を無意識の世界と言っているだけなのではないかということです。そういう脳活動のモデルを作ってはどうかと考えています。

年を取ってくると、聞いたことをすぐ忘れるという現象が出てきますが、それは脳内の記憶の痕跡が若いときのように深くないので、すぐ蒸発するように消えていくからでしょう。子供のときに深い印象を受けた記憶は化学的に固定しているが、年を取るほどその固定度が弱くなってきていると考えることができるでしょう。ですから年を取れば取るほど新しい記憶はすぐ消えていき、古い記憶がいわば浮かび上がってくると考えられます。

人は死ぬ間際に、幼かったころのいろいろなことを思い出すとよく言われます。それで、死んでいく人もいるし、その死の世界から生き返って自覚のある世界に戻ってくる人もたまにいるわけです。その人たちが、自分は過去にしたことをいっぺんに思い出した、と言うのです。人間の意識は、正常なときは頭脳活動をしっかり支配し管理しているのですが、死ぬ間際になったら生命力が落ちますから、意識のレベルが弱くなって、自分の頭の働きをしっかりコントロールできなくなる。そこでいわゆる無意識の世界にあった記憶がすべてコントロールから解放されて意識の世界に上がってくるので、生き返ってきた人がそういうことを言うのではないかと思います。

魂の死後存続についてよく語られています。一つは、意識がほとんどなくなって、ほとんど死の状況になっている人が正常に戻ったとき、その間に意識がたどった軌跡を思い出して、体は死んでも魂は存続していると感じる場合でしょう。死んだ状態でも頭脳だけはかろうじて生きて、弱くなった意識が頭脳の内部をあちこちとたどり、その結果が記憶の上層に上げられて、生き返ったときにそれを取り出すという場合でしょう。もう一つは、亡くなった人の魂が部屋に残っているとか天に昇っているとか言われることがありますが、これは親しくしていた元気な第三者が想像を働かせて言っていることかと思います。

6 頭脳活動のプログラム化の可能性

(1)事例ベースによるプログラム作成

以上述べてきた心の機能、あるいは頭脳の機能をコンピュータの上でプログラムできるのかどうかという問題になります。特に心の働きというのは種々様々ですので、それを模擬するプログラムを簡単に作ることはできません。心の働きというのは論理的でないからです。

知的レベルの働きは論理的な働きですから、これはプログラムできるでしょう。人工知能は課題ごとの頭脳の働きのプログラムです。ですが、心の動きというのはバラエティーがものすごくあるし、ケース・バイ・ケースで全部違うので、それを簡単にプログラムにすることはできません。また心の反応や動きを外部から観察している限り、観察者それぞれの違いが出てきます。したがってコンピュータの場合はある種の平均的な立場での心というものを考えざるを得ません。そこで事例を積み上げて、巨大な事例データベースを作って、新しい刺激に対して、人の心は普通どのように働くかを考え、この事例ベースを参照するシステムを考えたらどうかと思っているところです。

例えば、知っている人に会った場合に快く話す、あるいは知っている人に会っても顔をそむけて通り過ぎるとか、あるいは最低限、「おはようございます」と言うぐらいで済ませるというように、その人のそのときの心の状態や生命力の状態がどうなっているかによって違ってくると解釈して、そういう状況を全部くまなく観測して、事例データベースの中に入れなければなりません。

人間の頭の記憶は有限です。コンピュータはほとんど無限の記憶能力を持つので、あらゆる場合をコンピュータのメモリーの中に入れることができます。そして、そういう事例ベースを利用して、コンピュータが人と対話をするときに、置かれている場面と同じような状況をコンピュータの中で探して、どういうあいさつをしたとか、どういうことを言ったとか、どういう反応をしたとかいうのがいくつも記憶されていますから、その中から選択して応答を出す。そういうことをやると、コンピュータのプログラムでも、人間の心の働きに近い疑似的な反応を返すことができることになります。

そんなことが本当にできるのかという疑問はもちろん私も持っています。私が例文翻訳の研究をしていたころの文の数は非常に少なかったのですが、今は何億、何十億という文をコンピュータに入れておいて、それを利用して深層学習をするとか、例文翻訳をするとか、そういうことができるようになってきましたから、事例を集めてデータベースを作って、それを参照して心の反応をシミュレーションするというか、似たようなものを探してきて外部に対して応答するということは決してできないことではありません。

こういったアプローチが、はたして学問と言えるのかという疑問が出てくるでしょう。学問は原理原則をはっきりさせ、それに基づいて種々の現象を解明し説明するというのがこれまでの正当な学問の道筋でしたが、人間に関わる現象にそういった絶対的な原理原則を発見することは非常に難しいわけです。そこで次善の策として取り上げられたのが過去の事例、経験を参照して物事を進めるという方法です。医学における治療、地震の予知、台風の進路予測など多くの課題においてこの方法が使われています。心理学においても常識的なことについてそういった方法をとることが多いわけです。特にコンピュータが強力なものになってきて、こういったいわば力任せの方法が広がっているというのが現状なのです。

ということで、あと十年、二十年かけて何百億という事例を集めて、それをうまく使いこなすことがコンピュータでできないことはないと考えると、恐ろしい世界が出来上がるのです。

(2)脳神経ネットワークとの関係

頭脳活動は、脳神経科学的に言えばニューロンのネットワークを伝わるパルスによって行われています。ではこのネットワークを伝わるパルスの現象と知識や概念と言われているものとはどのような関係にあるのでしょうか。知識や概念がどのような形で脳内のどこに蓄積されているのか、あるニューロングループに固定されているのか、ダイナミックに動くパルスの経路によって記憶されているのか、どうなのかという問題です。

ある単語を頭脳に与えたときに脳内のニューロンネットワークがどのような変化をしたかとい

う方向での研究はある程度できるかもしれませんが、逆の方向、つまりニューロンネットワークを走るパルスの状況を調べてもそれがある単語、ある概念に対応すると判断できるかと言えばその可能性はゼロでしょう。これはコンピュータの中の配線を通るパルスを調べてもそれがどのような意味のプログラムを実行しているかを決めることができないのと同じだからです。また、簡単にニューロンネットワークと言っていますが、おそらくは細い一本の線でのつながりではなく、何本もの束になってリンクが作られていると考えられますから、ミラーニューロンといっても一つのニューロンでそれが作られているわけではないでしょうから、いろいろと考え直さねばならないのではないかと思います。人間が持つ言葉や概念と脳内のニューロンレベルの活動との関係は永遠の謎と言ってよいでしょう。

（3）人間に自由意志はあるか

人間には自由意志があって、これは絶対にコンピュータで実現できないというのは、哲学者のみならず誰でもそう思うものです。人間の場合、いろいろと推論した末、自分の置かれている社会的立場だとか、何とかの立場とか、いろいろなことを考えて、これを選ぶのが一番いいだろうと判断し選択する、あるいは行動するわけです。スピノザはあらゆることには原因があると言っていますが、自由意志で決めたことにも原因・理由があるわけで、一見自由に見えるものもその原因・理由のもとでほとんど必然かもしれないのです。そうでなくても、非常に冷酷に考えると、あらゆる可能性がある中でどれを選択するかということにしか人間の自由度はないわけだし、その選択も外部条件からすると何を選んでもよいとはいかず、ほとんど選択の余地がない中で選ぶわけです。それが人間に自由意志があるということの意味なのでしょうか。

膨大な知識のシステムを持っていて推論する場合、得られる結果は何万、何十万、何百万とあるでしょうけれども、その中からどれを取り出すかということが自由意志であると考えると、何十万、何百万という範囲の外には出られない。それでも自由ですかと、逆に問うこともできるのではないでしょうか。つまり、コンピュータがほとんど膨大な可能性を全部列挙できるという時代が来ている状況の中で、自由とは何か、あるいはチョイスとは何かという、そういうことをもっと真剣に考えると非常に面白いことが言えるのではないかと思います。あるいは比喩的に言えば、すべての外部条件を無視して魂の命じるままに決定し行動することが理論上はできる（だが現実にはできない）のが人間というものでしょう。そこに人間の苦悩の一つがあるわけです。

（4）人工知能は芸術を作れるか

最後に人工知能も芸術作品を作り出すことができるかという問題を取り上げます。ここでも芸術作品とはどういうものであるかを問う必要があります。芸術的感動を与えられるものはどういうものであるかというのは人によって違いますが、人間でないと考えられないものかどうかという問題です。コンピュータは俳句や詩といったものを何万、何十万とたくさん作り出すことはできます。その中でどれが芸術作品としていいかという選ぶ力をコンピュータが持てるのかというわけです。そのためには美とは何かという価値判断の基準をコンピュータに与えなければいけないのですが、これは個人の主観によるものだし、時代によっても大きく変わります。なかなかコンピュータではできなくて、結局、これが本当に自分にとっていい芸術作品だという直感を持つのは人間にしかできないことなのではないかということになります。コンピュータが美的なものに感動することができるようになるまでは。人間が美的なものに感動するという心の構造は、心の解明が進んでもなかなか解決できないテーマでしょう。そういう意味で機械に対して人間の持つ優位性というものをかろうじて保障するということが言えるのではないか、というのが私の結論です。

7 おわりに

人間頭脳を魂（生命力）的機能、心的機能、知的機能の三つのブロックに分けて頭脳のモデルを作ることを考えましたが、それには冒頭に述べた理由のほかにも理由があります。人は生まれたときは生命力によって活動します。そこでの外界（他人）に対する働きかけは叫び（泣き声）です。二、三か月すると母親と他の人との区別ができ、人との心の通じ合いができるようになります。

そこでの外部に対する働きかけは笑顔であり、手の動作です。そして一年半ほどすると言葉を覚え、世界を分節する能力ができるようになっていきます。そこでの外部に対する働きかけはまさに言葉です。

　このように考えると、心の働きの表出の手段は表情であり、口から発する歌であり、手によって何かを表現することであり、それは大人の言葉で言えば、言葉では表現しきれない芸術に相当するものではないかと思われます。つまり心の表出は音楽や絵画などに頼らざるを得ないということと思われます。書き言葉を持っていなかったクロマニョン人が描いたラスコーなどの洞窟壁画は、ひょっとすると心の持つ情報の表出・伝達を意味していたのかもしれません。芸術は世界を分節して眺め記述することではすくい上げられない〝微妙〟を含んだ全体を表現・伝達する手段として、つまり心の表現の手段としてあると言えなくもないでしょう。それは音楽であり、絵画であるわけです。デジタルの世界では表現できないアナログの世界であり、このデジタル世界を経験した後でのアナログの世界をどう考えるかという問題に直面することにもなるでしょう。いずれにしても、頭脳の働きを三つのブロックに分けて考えたことの一つの理由はここにあります。

【参考文献】


乾敏郎『感情とはそもそも何なのか――現代科学で読み解く感情のしくみと障害』ミネルヴァ書房、二〇一八年。

長尾真『人工知能と人間』岩波新書、一九九二年。

長尾真「情報学は哲学の最前線」『ライブラリー・リソース・ガイド』第二七号、一〇―七六頁、二〇一九年。

ディスカッション

こころと機械のあいだ
――京都こころ会議の討論から

河合俊雄
吉岡洋
西垣通
尾形哲也
長尾真

シンポジウム当日には、「こころとアーティフィシャル・マインド」をテーマとする先の三つの講演を受けて、全体討論が行われた。全体討論には、三人の講演者の他に、吉岡洋と河合俊雄がパネリストとして登壇した。

講演を振り返って

河合　最近よくＡＩ、つまりアーティフィシャル・インテリジェンスが話題になりますが、吉岡先生が研究されているのは、アーティフィシャル・マインドというものです。京都大学こころの未来研究センターが作る『こころの未来』という学術情報誌の一番最近のタイトルも「アーティフィシャル・マインド」なんですよね。そこには「アート」という意味も含まれているので、その観点も含めて、このディスカッションにパネリストとして参加していただければと思います。まず私と吉岡先生のほうから、コメントや質問を投げかけたいと思います。その後、われわれ二人もこういうＡＩに関しては素人ですので、専門家の間での討論を積極的にしていただけたらと思っています。

どの話も大変興味深かったのですが、まず私から見て面白いなと思った視点が一つあります。人工知能というのは、何かについて客観的に判断を下すとか、アプローチするとかいうニュアンスがとても強いと思います。しかし西垣先生の講演に出てきたのは、外から見るのではなく、その人の身になって捉えたり、考えるといったニュアンスだったと思います。また、尾形先生の講演の最後のほうで、人工知能には恋ができるかという話がありました。講演を聞いておられた方は分かると思うのですが、尾形先生は、ロボットを「この子はですね」というふうに呼んでいる。先生は間違いなく、ロボットと恋ができると思うのです。つまり、そちら側の立場になれるというか、ＡＩ側の立場になれるということですね。そして、尾形先生の最後の話も大変面白かったのですが、アメリカでは、ＡＩというのは勝手なことを始めたらつぶすべきだという。ＡＩは敵だという発想があります。しかし、日本の人工知能学会の倫理指針では、ＡＩは完全に人になっていますよね。お友達だと。人工知能に対する関係性や、人工知能の側から見るといった、われわれの受け取り方という問題が非常に大きいのではないかということを思いました。つまり、われわれが人工知能やロボットをどう受け取るかという関係性の問題が結構大きいのではないかということです。

河合俊雄

　それから興味深かったのは、尾形先生と長尾先生の講演でも出てきましたが、西垣先生が言われていた、結局ＡＩが何かを判断しているのだけれど、その根拠は分からない、それがディープラーニングの面白いところであるという点です。では誰が責任を持つのかということが大きな問題になっていましたが、その判断は多くの場合は統計なんですよね。全体的なものです。そこで、個別性というのはどうなるのか。つまり、何パーセントのものはこうなる、というのはＡＩから出てくるのだけれど、個別性というのは、それとは少し違うのではないのかということを思いました。私は臨床心理学をしているので、情報というものと、物語というのは違うのではないかということを最近よく考えています。

　長尾先生のお話は、心のモデルについてでした。本来、こころの未来研究所センターで、このモデルをきちんと考えなければいけないというご示唆だったのではないかとも思います。そこで心のモデルの根拠は何かというときに、例えば、こころの未来研究センターには仏教学が専門の熊谷誠慈准教授がいて、仏教の文献のコンテキストの中で心を考えるといったことがあります。あるいは、長尾先生の今日のお話の中では、日本語の心を使った分析というのが非常に印象的でしたが、心のモデルの根拠は言語的なものなのか。脳は神経科学的に理解できる部分が多くありますが、心のモデルは何を根拠にしてできているのか、ということを非常に考えさせられました。それから、生命力という発想も大変面白いのですが、生命力はポジ／ネガだけで考えられるのでしょうか。生命力が強過ぎると、また問題が出てくるということもあるかもしれません。特に躁状態のような、脳が異常に興奮する状態というのもあって、それもまた問題ではないのか、と。

それから、生命力とポジ／ネガは直結できるものなのか、そういうことを思いました。私からは以上です。

芸術家にとって機械は面白い

吉岡　議論に加えていただいて、ありがとうございます。私は美学・芸術学をやっているのですが、今日は人工知能とか機械の話であるのに、西垣先生、長尾先生ともお話の最後に、ＡＩに芸術の創作ができるかどうか、またＡＩによる芸術作品とはどのようなものか、といった話題を振っていただき、私が議論に加われるように気を使っていただいたのかと思います。まずその点と、それから、河合先生もおっしゃった、尾形先生の最後の論点についてコメントをしたいと思います。

まず、西垣先生が最後に話されたＡＩによる創作という点について。例えばＡＩの作った俳句について、なかなかいい俳句だけれども、剽窃ではないかと言われました。確かにその通りなのですが、では人間は剽窃していないのか？という疑問が起こります。俳句にしても、あるいはポピュラー音楽にしても、範例、つまりお手本の数が膨大にある。そして比較的短い形式ですから、似たものがいっぱい出てくるんですよね。意識的に引用する場合もあるけれど、知らない間に似たものを作ってしまうこともある。その中に「剽窃」と呼ばれるものが出てきます。ポピュラー

吉岡洋

音楽の場合には「パクリ」と言います。「剽窃」であることがいつ決定されるのかというと、それは作品が作られた瞬間ではなくて、それが「剽窃」として認知されたときです。例えば、何ということもなく聞いていた歌謡曲の一節を、誰かが「これはパクリだぞ」と言って、ネットの中に該当するメロディーを並べて上げたときに、「ああそうだな」と思う。単に影響を受けたとか、意識的な「本歌取り」ではなく、真似したことを隠す意図があったと疑われるときに「剽窃」が生まれるんですね。

もう一つは、長尾先生が最後に話されていたことです。長尾先生はコンピュータの専門家でいらっしゃるのですが、少なくとも今日の話を聞く限り、長尾先生のほうが私よりもずっと哲学者だと聞こえました。最後のほうで言われた、芸術作品が機械と人間を分かつ最後の砦ということについて、それは非常によく分かるのですが、この点に関する芸術家の反応は面白いですね。芸術家というのは、機械が作品を作り始めたら私たちの仕事はどうなるんだと、危機感を感じているように思われるかもしれませんが、実際はそれほどでもないんですね。結構面白がっている人が多い。芸術家はそもそも機械が好きなのです。ジャンルに関わらず、機械が創作することに対して関心を持っている人は多いと思います。意図的に自分の作品の中で機械を使うような人もいます。

例えば、二〇一五年の「PARASOPHIA京都国際現代芸術祭」に出展した蔡國強《ツァイ・グオチャン》は、ロボットに絵を描かせました。ロボットといっても、ディープラーニングとか、人工知能を搭載したものではなくて、おもちゃみたいなロボットです。機械仕掛けで、絵筆を持った腕がランダムに動くというようなプリミティブなものです。でもジャンクなロボットなので、動き方の不規則さによって違う絵がどんどんできていく。するとその絵が、一枚五千円で飛ぶように売れるんです。五千円は作品としては安いですが、それを買って帰りたい人がいる。ではその絵がいつ「作品」になったのかというと、ロボットが描いたときではなく、それを買う人が出てきたときです。それを「ロボットが描いた絵」として解釈することが重要になってくるわけです。

人工知能とフランケンシュタイン・コンプレックス

吉岡　それから、尾形先生が最後に触れられた「アシロマＡＩ二十三原則」。これは、私は今日知ったのですが、アシモフの「ロボット三原則」というのがベースになっているんですね。

尾形　はい、おそらくはそこから来ています。

吉岡　「ロボット三原則」というのは、アシモフ（Isaac Asimov）という作家のＳＦ小説に出てくるものです。ＳＦ作家と言っても、アシモフは科学者でもありましたが、三原則の内容は以下のようなものです。

第一条　ロボットは人間に危害を加えてはならない。また、その危険を看過することによって、人間に危害を及ぼしてはならない。

第二条　ロボットは人間にあたえられた命令に服従しなければならない。ただし、あたえられた命令が、第一条に反する場合は、この限りでない。

第三条　ロボットは、前掲第一条および第二条に反するおそれのないかぎり、自己をまもらなければならない。

人間の場合なら、自分の命を守るために、場合によっては人を傷つけることも正当防衛として認められているのに、ロボットはそれをしてはいけないということです。つまりロボットとは奴隷ということですね。それに対して、日本の人工知能学会の倫理指針九条というのはなかなかいいと思います。「九条」というのがまた意味深長だと思うのですけれども（笑）、つまりロボットは仲間だということです。でも「仲間だ」とストレートに言わずに、構成員となるためには人間の会員と同じように規約を守れということを、まるで当たり前のように言っている点に感銘を受けます。

これを聞いていて思ったのは、アシモフが言い出した「フランケンシュタイン・コンプレックス」という概念のことです。フランケンシュタインの怪物はロボットではありませんが、人工的な生き物です。そういうものが出てきたとき、人間はたいていそれを敵というか、潜在的脅威と見なしてしまう。それをフランケンシュタイン・コンプレックスと呼びました。実際のフランケンシュタインのお話を読むと、フランケンシュタインの怪物というのは、非常に優しい心を持った知的な存在であるのに、姿が恐ろしいとして嫌われたので、人間を恨むようになったとあります。つまり人間に科があるにも関わらず、まるで人工物のほうが脅威であるかのようになっている。フランケンシュタイン・コンプレックスという言葉をアシモフが作ったのは、人が人工物について、それは神の創造行為を冒涜するものだと思ったり、また今は人間の言うことを聞いているけれども、ちょっと目を離すと最後は人間に取って代わろうとするのではないか、と不安を抱くからです。北米やヨーロッパで作られたＳＦ小説やハリウッド映画の多くは、こういう考え方をベースにした筋書きになる。

そのことからすると、日本文化には、フランケンシュタイン・コンプレックスはあまりないですよね。スーパーコンピュータがチェスで人間を負かしたときに、欧米では人類に対する脅威というようなニュースになっても、日本では「あ、すごいじゃない」程度の反応で終わっている。そういう文化的な差異が非常に面白いなと思いました。

心と身体の関わり

河合　吉岡先生、どうもありがとうございました。それでは西垣先生から、時間が限られているので全部のことに触れることはできないと思いますが、コメントと、また他の講演について何か質問などがあればお願いします。

西垣　まず、尾形先生と長尾先生のご講演に関して、私も教えていただきたいことがありましたので、質問したいと思います。長尾先生の脳機能モデルは、知的機能、それから魂的機能、心的機能というふうに分かれますよね。私はそれを見て、相当古い概念ですが、ポール・マクリーン（Paul MacLean）の「脳の三層モデル」というものを思い出しました。これは、爬虫類脳、哺乳類脳、人間脳という三層のモデルです。まず爬虫類脳というのが生命脳としてあり、その上に哺乳類脳があります。生命脳というのは脳幹のことです。哺乳類脳は感情・情動を司り、大脳辺縁系などに当たります。一番上に大脳新皮質からなる人間脳があって、大脳新皮質は論理的な思考を形作る。それに似た分類だというイメージを私は受けました。

　いろいろな考え方があって構いませんし、長尾先生のモデルももちろんありうると思いますが、今までのＡＩの歴史を見ると、一般的にアーティフィシャル・マインドというときにキーとなる考え方は、やはり知識・推論に当たる大脳新皮質の脳です。そこにはやはり、神の創造した世界・宇宙は論理的にできていて、それを探索するのが思考だというような、ロゴス中心のユダヤ＝キリスト教の文化的伝統というものもあると思います。大脳新皮質がまずあって、そこに、彼ら西洋人から見るとやや低位であるところの感情や、動物的生命活動が付け加わっていくというモデルです。そういうのが今までのアメリカやヨーロッパのモデルに多い。それが長尾先生の脳機能

西垣通

モデルだと、知的機能よりも、感情などにかなり焦点を合わせているような印象を受けました。

　最近はこういう議論もあります。脳だけでは不十分、ということです。例えば、脳の働きに内臓などが大きな影響を与えていることが分かってきた。内臓だけではなく、身体のいろいろな部分が影響を与えています。そのことに関連して、これは河合先生のご専門かと思うのですが、かつて行動心理学というのもあったわけです。つまり、主観的な内面というのはよく分からないから、客観的な行動で見ようというアプローチです。でも私が主観を強調したのは、二次観察という前提があるからです。二次観察というのは、世界を観察する主観があって、それをもう一度私が観察して、さらにもう一度、例えば尾形先生が観察することによって、ある程度客観性を担保していくという論理操作のことです。

　心理学の歴史では、行動心理学の後に認知心理学、つまり認知科学が出てきた。そのことを考えたときに、長尾先生のモデルは、認知科学とかなり関係が深いのではないかという印象を受けました。認知科学では、先ほど申し上げたように、心と身体の関わりということが分かってきています。心と言うけれども、例えばロボットの認知に着目すると、行動の中で心のモデルも変わっていく。そこには論理的な推論もあるけれど、いわゆる感情的なものも入ってくる、それが今の研究の最前線かなというふうに私としては思っているわけです。そのあたりについて、お二人の先生から教えていただければと思いました。

それと関係するのですが、実は深層学習という技術自体は昔からあるわけです。ただ、それが実用化されたのは割と最近です。先ほど、長尾先生は論理とデータの話を主にされました。基本的には、昔の自然言語処理では、文章の構文を解析して、論理的に意味の選択肢を定めていくというようなアプローチがありました。でも今はそうではなく、用例データベースから統計的にアプローチする。それはそれで一つの方法だと思います。人間だって、論理だけではなく習慣に頼って解釈していますしね。

ただそこで一つ、技術的なことを教えていただきたいのです。深層学習は、私の顔を認識するとか、空港でパスポートの写真と見比べるとか、いろいろな形で実用化されつつあります。顔とか音というのは、アナログデータですよね。ですが文章の場合、データのパターンがあるといっても、文章そのものは一種の記号の列ですから、記号の表す意味の影響で、そこにはもう一段階難しい部分がある。つまり、深層学習を応用していく場合に、機械翻訳などにおける自然言語理解と、音声認識や図像認識などのパターン認識とは、レベルが違うのではないかということです。そのあたりについて尾形先生から教えていただければと思いました。

内観から問題を解くロボット

河合　ありがとうございました。それでは、尾形先生。

尾形　忘れてしまうといけないので、言われたことについて、一つずつお答えしたと思います。私の話について、まず触れていただいたのは、最後のところだったと思います。日本と海外での違いというと、人工知能だけではなく、ロボットの文化でも明らかに違います。人型ロボットを最初に作ったのは日本の早稲田大学です。人型ロボットを作るという研究をずっと続けてきたのです。

　人型ロボットが役に立つということでアメリカが手を出したのは、一九九〇年代の終わりからです。つまり、ASIMOなどの人型ロボットが出てきて、現場に投入できるという実用性を認めた段階で、初めて人型ロボットの研究がアメリカで本格的に始まったということになります。

　ただ人型ロボットの研究の根源には、実用性とは別に、人に似せた機械を作りたいという動機があります。先の早稲田大学の例では、私の恩師である加藤一郎先生の動機、つまり人の一部分でも再現することによって人間を知りたいという、そういう欲望から機械や電気、情報の先生と共に人型の機械（WABOT）を世界で初めて作られたのです。そういう意味で、日本人はやはり人型の機械に対する抵抗は、非常に少ないということが言えると思います。

　他にも「不気味の谷」の議論があります。人間に特異的に近づいた機械に対する嫌悪感に関す

尾形哲也

るものですが、この「不気味の谷」を提唱されたのも、やはり日本の森政弘先生なのです。こういう議論は、日本人が感情移入しやすい、相手側のメンタリティーに入りやすいという特性をすごく反映していると思います。

そういったときに、先ほどの、内観なのか外観なのかという話が、やはり関係あると思います。

いわゆるロボットをはじめとした人工物は、客観的な世界のモデル（外観）で全部きれいに書きたい。論理的説明がしたい。可能であれば少ないパラメータですべてを予測したい、という思想があります。これは、科学の王道です。それに対して、経験をベースにして、自分の身体という拘束、要するに捉えられる感覚情報や、変更可能な世界の領域、そういった非常に強い拘束の中で得られる経験（内観）を通して、世界のモデルを推測していく。また、そういう部分をお互いにメンタリティーとして持っているということをシェアできる能力、これがまさに認知発達ロボティクスの思想だったわけです。

できればすべてを（数理）モデルで書きたい。タオルのモデルもきれいに解きたい。身体のモデルも客観的に全部解きたい。しかし結局うまくいかない。世界のモデルを作ることのあまりの困難さに、どうしようもなくなってしまった。一つモデル化できたと思ったら、次の別の問題がすぐに出てきて、それを解いたら、また次の問題がすぐ出てくる。まさにフレーム問題のようです。
そこで、ロボットの経験（感覚と運動）として取得したデータを学習し、得られた内観から問題を解くという例が、今日お見せしたタオルを畳むであるとか、ドアを開けるといった私たちのロボットです。外からモデリングする方法と、どちらが正しいということはもちろん議論のあるところですが、非常にロボットの身体に依存した知能になっています。身体、ハードウェアから獲得したモデルが、タオルを畳むといった行為を実現しているというところです。深層学習とロボットによってそういう性質を検証できます。

ただし、データというのはいくらそろえても、それ自体は世界ではない。そこで得るモデルは世界のモデルではなく、与えられたデータという拘束の中で推定したモデルにすぎないのです。例えば言語のみを何百万語、何億語与えたとしても、本当に純粋な意味で、われわれが理解と呼んでいるものにたどり着いているのかどうかというのは、実は分からないと言えます。

「与えられたデータ」という限界の中で作った、内観のモデルだけで何とかしてしまおうというのが、まさにディープラーニングだというのが私のイメージです。ただ、データが与えられるときに、人間には入出力に身体という拘束条件がありますが、ディープラーニングの場合は無制限です。例えば、対話システムとしゃべっていると、非常に流暢にしゃべりますが、一貫性がない場合があります。多様な対話データで学習をしているので、そういうことが起こります。中身は、われわれとだいぶ違う存在だと思っています。

評価者としての芸術家の必要

河合　それでは長尾先生、これまでのところでコメントをお願いします。

長尾　私は知的活動のレベルと、心のレベルと、生命力のレベルと、三つのブロックに分けて、頭脳全体をモデル化してはどうかと言いました。というのも、知能レベルが発する言葉がいわゆる言語であり、それに対して、心が発する言葉というのが芸術である。音楽にしろ、絵画にしろ、そういうものと言えます。そして、生命力が発する言葉というのは、叫びである。つまり、赤ちゃんがおぎゃあと言ったりします。そういう、それぞれの層が発する言葉というのはみな違いがあるというふうに、荒っぽい言い方ですけれども、考えています。

そして、西垣先生の、言語と音声などでは根本的に深さが違うのではないかというところは、まさにおっしゃる通りであると言えます。ただ、別の考え方をすると、論理的にしっかりと分析して論文にするというときや、内容をしっかり自分が表明するというときは、いわゆる言語を使います。その言語を徹底的に使えば、かなり微妙なことまで言えるわけです。それが絵画や音楽の場合となると、表面的なことしかできないんだと、一般的には思われるかもしれません。ただ、絵画や音楽というのは、言語で表現できないものを表現している。私はクラシック音楽に凝っているのですが、同じ曲でも、人によって演奏の仕方が全部違います。この人はこういうふうな演奏というように、非常に微妙なのだけれども、その人のキャラクターが出ているということはあります。そういうことは、言語では表現できない。心が発する言葉というのは、そういうものであると私は思うわけですね。

そういう意味において、芸術作品、もしくは心の発する言葉というのは、言語では表現できないものを表現する能力を持っています。ですので、どちらが深いかといったことは、比較的言いにくいことであると思っています。西垣先生にいい回答を差し上げられるところまでは考えていませんので、その先をまた考えたいと思っています。

もう一つだけ言っておきたいことは、ＡＩはいくらでも芸術作品が作れるかどうかというところです。吉岡先生がおっしゃった、この頃の芸術家はコンピュータを使って芸術作品を作るのが大好きだということですが、確かにそうだと思うのですね。ですが、芸術家がコンピュータを使って作る作品というのは、出てくるものをすべて「俺の作品だ」と言って、価値があるのだと言っているわけではありません。自分がプログラムして作り出す芸術作品の中でも、「俺の作った、気に入ったもの」と、「これはほかしたほうがいい」というものがあるわけですね。ということは、人間は出てきたものを見て、「これが自分の心を打つんだ」と、「だから芸術作品なんだ」と、そういう考えが基本的なところにあると思うのです。

長尾真

他の例で言いますと、写真芸術というのを考えてみます。例えば、琵琶湖へ行って、西の空にお月さんが落ちていくというときに、これは素晴らしい風景だと思うことはしばしばあって、そこで写真を撮ったりしますね。西の山にお月さんが落ちていくというのは、誰が作ったものでもないわけです。つまり、コンピュータが山ほど作品を作っているのと似たようなもので、自然がそういうものを偶然に作っているわけですね。だから、作者はいないし、芸術家はいない。ですが、この瞬間を写真に撮るということが芸術になっているわけです。それはやはり、鑑賞している人が、これが私の心を打つんだ、自分の心を打つものは他の人の心も打つであろう、ということでシャッターを切る。それがいい作品になるわけで、芸術家はもちろん自分で作ることが大半なのでしょうけれども、最終的には、俺が気に入ったものを自分で評価するという、評価者としての芸術家のレベルや直観力といったものが重要なのではないでしょうか。だから、レオナルド・ダ・ヴィンチの『モナ・リザ』にしろ、いいと思うものは他の人の心も打つことで、今日までずっと続いてきている。そういうことではないかと思います。

河合　西垣先生、どうぞ。

西垣　ちょっとだけ補足させてください。私は、音楽と文学、それから絵画の芸術的なレベルにおいて、文学が一番深いとか、そういうことを言ったのではありません。全然違います。深層学習というＡＩの技術を応用する際に、画像や音などのパターンを分類するテクニックと、文章のパターンを分類するテクニックの間には、技術的レベルの違いがあるのではないかという点です。完全にテクニカルな質問でした。

河合　尾形先生。

尾形　はい、違います。画像とか音であれば、与えられたパターンとそれに人間がつけたラベルをそのまま学習させればいいわけですが、テキストの場合には、ご指摘の通り、一つの単語の意味がまったく変わる、ということが起こります。

　アナログ的に表現するということ自体は変わらないのですが、ある単語の前後の意味や、文章の構成などによって、その単語はどういう表現になるべきかという内部表現（ベクトル）を学習させなければならない。その裏側に、コンテキストを表現するような値を学習させるということを行います。ですので、やはり学習させなければいけないデータの量は圧倒的に増えますし、そのコンテキストをどう作るかというテクニックが、今、ものすごい勢いの競争の中で作られているという段階です。

　ただこれは、あくまでもベクトルの表現ですので、その単語の意味、つまりそれは「現実の何を指し示すものなのか」を理解しているわけではないということです。

ＡＩはメタファーを扱えるか

河合　尾形先生の今の続きとして、また長尾先生にもお尋ねしたいのですが、先ほど長尾先生から、知能は言語、芸術は心という話があったと思います。そこで言語でも、メタファーというものがありますよね。メタファーは、芸術に大きく関わってくると思うのですが、言語の分析ということを考えた場合、メタファーはどのように扱われるのでしょうか。

尾形　現状では、かなり苦手な部類に入ると思います。確かに例えば、「首都」という言葉が利用されている膨大な文章で学習したモデルは、国の名前を入れると勝手にその首都を出してくるようになる、ということは可能です。首都や国の名前を多くの文章の中で学習し、それぞれをベクトル表現にする。その類似性に基づいて単語が勝手に出てくるのです。ですが、類似性というのがベクトルの距離ではなくて、「メタファー」のレベルになってくると、きちんと表現できるかという問題が出てくると思います。

　今は、事実を語る文章、例えばニュースであるとか論説文であるとか、そういったものの生成、翻訳が非常に得意という段階です。一方で、感情的なものになってくればくるほど、翻訳は厳しくなるというのが直感的なイメージです。

西垣　今のお話は、私にとっては非常に本質的な問題です。私は父親が俳人だったので、この間もある俳人と会話する機会がありました。ＡＩやコンピュータによる言語の扱いと、人間による言語の扱いの本質的な違いはいったい何なのかと問われたのですが、人間はメタファー、つまり比喩によって、その表す世界を広げていくということが大きい違いだと答えたのです。例えば、「あの人は社長の椅子が欲しいんだ」と言ったときに、社長の地位が欲しいということを表している。陳腐な例ですが、椅子という言葉が表すのは物理的な対象だけではないんですね。

一方、人工知能の自然言語処理では、なるべく選択肢を縮めていく。方向が逆です。だから、一つの言葉がいろいろな意味を表すというのではなく、そこでの使用法はいったいどういう文脈なのかを明確にする。椅子を持ってこいと言ったときに、物理的な椅子を持ってこいと言っているのか、それとも地位を渡せと言っているのか、なるべくはっきり区別する。そういうメカニズムです。でも人間の言葉はメタファーによってゆらぎ、拡張されていくので、多義的なことも多い。この二つの違いというものを、きちんと認識することが絶対に大事だと私は思っています。いかがでしょうか。

尾形　大変面白い。その通りです。今、私たちがグラウンディングとか呼んでいるものは、言葉が与えられたときに、その言葉が何を指し示すかを、なるべくたくさんのコンテキスト（付随情報）を与えて絞ろうという発想なわけです。先生が今おっしゃったのは生成系のお話ですね。ディープラーニングは確かに生成系で何かを作ることはできます。レンブラントに似た作風の絵を作るとか。それと同じようなレベルで、文章でもモデルの潜在変数（ディープラーニングの状態）にノイズを掛けてみて、過去に覚えたデータにはこんな使い方もあるよ、というようなものを作ってみせることは確かにできます。でもそれはやはりランダムなのです。潜在変数の一定の分布の中でランダムに動かした結果です。もちろん、それを人間がさらに再解釈して……ということは起こるかもしれないのですが。

そういう意味では、「今このシチュエーションでこの人と語っているから、この表現なんだ」

というような部分まで、コンテキストが扱えるのかと言われると難しい。最近では、言語だけを扱うのは大変難しいと気づいた人たちによって、例えば画像について文章で表現するにはどうしたらいいのか、動画をどうやって説明したらいいのか、というようなところへ研究はシフトしています。ただ、やはりそこでも多義性の問題にぶつかっている。一つの映像や一つの動画の説明の可能性はおそらく数え切れない。どこからどこまでが一区切りかですら、人間同士でなかなか意見が合わない。そういう問題が顕在化しています。

　なぜ私たちが言葉を使ってリアルな世界をうまく説明でき、言葉を作ることができるのか。ディープラーニングの研究が手を出し始めたばかりの領域ですが、非常に難しい問題だと思います。

河合　長尾先生。

長尾　いろいろなメタファーがありまして、一番簡単なのは言葉の類似性。そこから言葉がいくつかつながった句、もしくはフレーズと呼んでいるものの類似性。それから、文そのものが似ているという場合と、文の構造が似ている場合。つまり、文の単語レベルでの並びが似ているというような「似てさ加減」と、文法を分析した場合の、文の構造上の「似てさ加減」です。それから、小説などでよく言われるのは、主人公や舞台は違うけれども、小説の展開が過去のこの人の作品と非常に似ているというような「似てさ加減」。そういうものが著作権上どうなるかという問題もあり、「似てさ加減」というものにもいろいろなレベルがあります。それを全部うまく整理して並べれば、非常に面白いのではないかと昔から思っていました。人間の頭の働きにはいろ

いろなレベルがありますけれども、「似てさ加減」ということで人間の頭の働きをすべて説明することができるのではないかと若い頃から考えていたのです。それをもう少し整理して、死ぬまでに本にしたいなという気持ちは強くあります。自分の持っている知識と、人から聞いた知識などの入ってきた情報との比べ方、そういったものが「似てさ加減」によって機能していると考えれば、また別の観点から、ニューラルネットワークである脳構造の組織作りができるのではないかと感じたりもしています。

河合　メタファーの問題は、とても面白いですね。類似というものが広がりを持つという発想は、非常に共感するところがあります。心理学でも、フロイトの取り上げた仕事を言語学的に再解釈していくと、やはりメタファーが出てきます。いわゆる狭い範囲での知能とは違う心の働きがメタファーにあるというところが非常に大事なところで、そこまでＡＩが扱えるか、というところです。私が素人として理解していたディープラーニングというものは、何か分からないところから情報を出してきて、そこにはメタファー的なものも含むのかと思っていたのですが、そこまでは行っていないわけですよね。

尾形　そういう類似文脈で使われたデータがあれば、ということになります。やはり、どういう空間の中で構造化するかに依ります。意外なところが近くなっているといった発見は起こると思いますが、あくまでも与えられたデータの範囲の中での話になります。しかもその構造が人間と同じであるのか違うのかという議論も、また別になされなくてはいけません。

お笑いの難しさ

吉岡　メタファーは確かに芸術学上とても重要で、面白い切り口だと思います。芸術作品とか文芸作品にとってだけではなくて、日常言語にとってもメタファーは不可欠です。メタファーの中にも生き生きとしたメタファーと、陳腐化したメタファーがあります。メタファーという話題で思い浮かぶのは、機械に芸術を作らせるということと並んで、機械に落語とか漫才みたいな、面白いことを言わせるという研究がありますよね。そもそも笑いというのは、陳腐化したメタファーをよく使うんですね。例えば西垣先生がおっしゃった、「社長の椅子が欲しい」と言っている人に、社長が「ああ、これが欲しいの。どうぞ」と本当の椅子をあげると、あまり面白くはないけれど、それが笑いのポイントになります。

河合　今のはすべってると思います（笑）。

吉岡　これをやるためには、メタファーを理解していなければいけないですよね。それは高度な芸術的メタファーではなく、割と誰でも使うようなメタファーです。人間にとっては簡単でも、ＡＩには難しいということですか。

尾形　お笑いをＡＩでやっている方はいらっしゃいます。しかし、まさにおっしゃる通りで、あるストーリーに不完全性を与えて（ボケ）、そこで別のコンテキストを与えると（ツッコミ）、全然別の意味に解釈が落ちる、みたいなプロセスを作らなければいけない。非常に難しいですね。

人間に「受けた」お笑いパターンのデータベースを作っていらっしゃる方はいるのですが、ディープラーニングでアプローチしている人はいないと思います。あまりにも難し過ぎます。結局、人間しか評価のしようがない。データベースは、一発ギャグの参考くらいにはなるかもしれない。しかしオンライン（アドリブ）で笑いをとるのは非常に難しいと思います。この場でこのギャグでないといけない、とかいうことになると想像がつかないですね。

ＡＩによって仕事が奪われるということが言われていますが、私はお笑い芸人というのは一番奪われないと思っています。

河合　そのコンテキストでいうと、フロイトがもう一つ研究したのが、ジョークとか、言い間違い、それから駄じゃれですね。そのあたりは、ＡＩはどうですか。

尾形　私が知る限りでは分からないです。今は、分かりやすい数字で性能が出るところに研究が集中しています。例えば探索的に学習のモデルを良くしていく強化学習という考え方があります。これはゴールがクリア（数値で評価できる）なものに対して探索をしていきます。ところが、ジョークとかお笑いというのは、評価が囲碁や将棋みたいにクリアではない。何の誤差を最適化したらいいのかという基準を与えられないわけです。今のディープラーニングは、あくまでも何かゴールを与えてもらって初めて機能するという理解ですので、かなり難しい問題であると思います。

価値づけることの重要性

西垣　今、河合先生がフロイトについて言及されました。機械的なものとアートの出会いとしては、ＡＩ以前から、例えばシュールレアリズムなどがあります。私の理解では、シュールレアリズムとは、その当時、無意識というものへの関心があって、無意識の中で何が起きているのかということを、自動筆記などを通して表現しようとしたわけですよね。あの当時はコンピュータがなかった。そしてコンピュータというものができたので、コンピュータを使って、コンピュータとのインタラクションの中で、何か新しいものができるのではないかと、こういう考え方が出てくる理由は分かります。

　でも私が先ほど言いましたのは、商業的な娯楽産業がＡＩの形式的な模倣機能を利用して、簡単に売れるものを作るといったムーブメントに、新奇性を求める芸術活動が回収されてはいけない、ということでした。私自身は、やはり芸術作品というのは本来、身体的な経験の中からにじみ出てきたものであり、それが人の心を打つのだと思います。けれども、ＡＩが作ったものでも、感動する人がいるかもしれない。これは難しい問題で、みなさんにも考えていただきたいと思います。私の希望は、ＡＩというものが、一般の人たちの感情を芸術作品がきちんとすくい上げてくれるために役立ってほしいということです。

吉岡　そのことに関して、先ほど長尾先生がおっしゃったことから、どうしてアーティストはコンピュータが好きかという問題の答えをもらったような気がします。つまり、コンピュータにいろいろなものを作らせて、「これは駄目、これも駄目……おお、これは！」というとき、こういうことのモデルは陶芸なんですよ。陶芸家が窯の中から取り出し、「これも駄目！」と叩きつけて割るということがあるでしょう。あれに近いんですよね。ということは、やはりアーティストにとってコンピュータというのは、自然の代わりなんです。制御不能性をはらんだ自然のプロセスの代わりだから魅力があるのかなと思いました。

河合　それは、今日何回も話題になっていますけれど、結局、価値づけとは何なんだというポイントに大きく関係するのではないかと思います。長尾先生のお話の中でも出てきましたが、データを分析すると結果がいっぱい出てくるけれど、どこに価値づけをするのか。この問題は結構大きいと思います。そうすると、価値づけにとって文化はとても大きいものだったりします。では、その価値づけをＡＩが学習できるのか。ＡＩはどういう陶器ならいいと言って、どういうものなら、これは駄目だと言って割ってしまうのかとか、そのあたりに興味があります。

尾形　おそらく、先ほどのレンブラント風の絵画もそうだと思うのですが、ＡＩは作家の真似は得意です。作風が揺らぐと苦手になりますが、その作家の作品にコンシステンシーがあればあるほど得意です。その人そっくりだけれど、ちょっと違うという条件を加えてあげるという作り方は可能です。しかし、その価値づけをＡＩが行うというのは、おそらく無理です。先ほど吉岡先生もおっしゃいましたが、人間がコンテキストを少し足してあげればよいのかもしれません。これはこういうふうな意図で作った、こういうバックグラウンドがある、もしくは誰かがこういうふうに買ってしまいましたとか、何かそこに一つストーリーが足されると、途端に、ある種の価値が出てくるということはあるかもしれません。そういう意味では、やはり人間との関わり合いの中で何かが出てくるというのが、本来の姿かなと思います。改めて、今のディープラーニングは、数字で評価できるものが基本的には得意だという理解でよいと思います。

河合　そういう意味では、ドアの開け方を教えるのに人間がやっていますけれど、教える人によって、ロボットが違ってくるということはあるのでしょうか。

尾形　はい、おっしゃる通りです。畳み方とか注ぎ方は、教える人によって変わります。それは面白いところです。

河合　インタラクションというのは今後もとても大事なことだと思います。そういう意味では、客観的な知識や方法ではなくて、関係性が大切になるのですね。それでは、だいたい時間が来ましたので、まだまだ議論は尽きませんが、終了したいと思います。先生方、ありがとうございました。

尾形哲也（おがた・てつや）

1969年東京都生まれ。2000年早稲田大学大学院理工学研究科博士後期課程修了。理化学研究所脳科学総合研究センター研究員、京都大学大学院情報学研究科准教授などを経て、2012年より早稲田大学基幹理工学部表現工学科教授。2017年より産業技術総合研究所人工知能研究センター特定フェローを兼任。2020年より早稲田大学次世代ロボット研究機構AIロボット研究所所長。専門は神経回路モデルのダイナミクスに基づく認知発達ロボティクス。著書に『ディープラーニングがロボットを変える』（日刊工業新聞社）、『AI白書2017』（共著、角川アスキー総合研究所）、『身体性とコンピュータ』（共著、共立出版）など。

長尾真（ながお・まこと）

1936年生まれ。1961年京都大学大学院工学研究科修士課程修了。京都大学助手・助教授、フランス・グルノーブル大学客員助教授を経て、1973年京都大学工学部教授。1997年京都大学総長、2003年京都大学名誉教授。その後、情報通信研究機構初代理事長を経て、2007年より国立国会図書館長を務めた。専門は情報学、機械翻訳。著書に『人工知能と人間』（岩波新書）、『「わかる」とは何か』（岩波新書）、『情報を読む力、学問する心』（ミネルヴァ書房）など。

編集協力＝中谷森（京都大学こころの未来研究センター特定研究員）

著者略歴

河合俊雄（かわい・としお）

1957年生まれ。京都大学大学院教育学研究科修士課程修了。Ph.D.（チューリッヒ大学）、ユング派分析家、公認心理師、臨床心理士。現在、京都大学こころの未来研究センター教授・センター長。専門は臨床心理学。著書に『ユング』（岩波現代文庫）、『心理療法家がみた日本のこころ』（ミネルヴァ書房）、『発達障害への心理療法的アプローチ』（編著、創元社）など。

吉岡洋（よしおか・ひろし）

1956年京都府生まれ。1985年京都大学大学院文学研究科博士後期課程単位取得満期退学。情報科学芸術大学院大学（IAMAS）教授、京都大学大学院文学研究科教授を経て、2016年より京都大学こころの未来研究センター特定教授。専門は美学・芸術学、情報文化論。著書に『〈思想〉の現在形』（講談社選書メチエ）、『情報と生命』（共著、新曜社）など。批評誌『Diatxt.（ダイアテキスト）』『ヨロボン』『パラ人』編集長。

西垣通（にしがき・とおる）

1948年東京都生まれ。1972年東京大学工学部計数工学科卒業。同年日立製作所入社、コンピュータ・ソフトウェアの研究開発に従事。1982年東京大学工学博士。明治大学助教授・教授を経て、1996年より東京大学社会科学研究所教授。2000年東京大学大学院情報学環教授、2013年東京経済大学コミュニケーション学部教授を歴任し、2019年定年退職。現在、東京大学名誉教授。専門は情報学、メディア論。著書に『デジタル・ナルシス』（岩波現代文庫）、『基礎情報学（正・続）』（NTT出版）、『AI原論』（講談社選書メチエ）など。

〈こころ〉とアーティフィシャル・マインド

二〇二一年二月二〇日　第一版第一刷発行

〈著　者〉河合俊雄・吉岡洋・西垣通・尾形哲也・長尾真

〈発行者〉矢部敬一

〈発行所〉株式会社　創元社

本　　社　〒五四一-〇〇四七　大阪市中央区淡路町四-三-六

電　　話　〇六-六二三一-九〇一〇(代)

ＦＡＸ　〇六-六二三三-三一一一(代)

東京支店　〒一〇一-〇〇五一　東京都千代田区神田神保町一-二　田辺ビル

電　　話　〇三-六八一一-〇六六二(代)

https://www.sogensha.co.jp/

〈印刷所〉株式会社　太洋社

装丁・本文デザイン　長井究衡

ISBN978-4-422-11757-7　C0011